**Europa transparent**

06

# Heidelberger Wegweiser

Michael Brückner / Andrea Przyklenk

# Europa transparent

Informationen · Daten · Fakten · Hintergründe

Decker & Müller
Heidelberg

**Bildquellenverzeichnis:** Bundesbildstelle Bonn, S. 5; dpa, S. 17, S. 32, S. 82; Europa-Archiv, S. 26; Archiv des Europarates, Straßburg, S. 37, S. 39, S. 59; Klaus Przyklenk, S. 49; ESA, Paris, S. 121.

Die Deutsche Bibliothek — CIP-Einheitsaufnahme

*Brückner, Michael:*
Europa transparent: Informationen, Daten, Fakten, Hintergründe / Michael Brückner; Andrea Przyklenk. —
Heidelberg: Decker und Müller, 1991
  (Heidelberger Wegweiser)
  ISBN 3-8226-3391-7
NE: Przyklenk, Andrea:

© 1991 Hüthig Verlagsgemeinschaft
Decker & Müller GmbH, Heidelberg
Satz: Roman Leipe GmbH, Hagenbach
Druck: Druckhaus Beltz, Hemsbach

ISSN 0931-0959
ISBN 3-8226-3391-7

# Vorwort

Nur wenige Bürger wissen, daß fast jedes zweite deutsche Gesetz seinen Ursprung in Brüssel hat. Auch Politiker und Verantwortliche in Verbänden, Gewerkschaften sowie Industrie und Handel stellen zunehmend fest, daß die Rahmenbedingungen für sie nicht mehr in Bonn, sondern in Brüssel gesetzt werden. Dies liegt daran, daß die Verordnungen und Richtlinien der EG erst dann Gegenstand öffentlicher Debatten sind, wenn sie im Rat zur Entscheidung anstehen und von ihnen nachteilige Folgen befürchtet werden. Es ist mittlerweile auch den nationalen Parlamentariern bewußt, daß sie eine EG-Richtlinie nicht mehr ändern können, sondern nur für die fast wortgetreue Umsetzung in ein nationales Gesetz zuständig sind. Was dann als Bundesgesetz veröffentlicht wird, stellt sich erst bei näherem Hinsehen als EG-Maßnahme heraus.

Zwei Akteure im Gesetzgebungsverfahren rücken zunehmend ins Rampenlicht. Die Kommission, die allein zuständig für die Ausarbeitung der Maßnahmen ist und sie dem Ministerrat zur Entscheidung vorschlägt, und das Europäische Parlament, gegen das der Rat nur einstimmig entscheiden kann. Beide Institutionen suchen ganz bewußt die Öffentlichkeit. Die Kommission, um nicht in den Verdacht der „Geheimniskrämerei" zu geraten, das Europäische Parlament, um die öffentliche Meinung für sich zu sensibilisieren. Das ist gute demokratische Tradition. Vielen ist jedoch die Rolle und das Zusammenspiel der EG-Institutionen immer noch im wahrsten Sinne des Wortes „schleierhaft". Das erhöht nicht gerade die Akzeptanz der Gemeinschaft. Doch ohne die Zustimmung der europäischen Bürger wird es keine echte europäische Einigung geben.

Das Buch „Europa transparent" vermittelt auf erfrischende Art und Weise das Grundwissen über die Rolle und Aufgabe der Gemeinschaft und macht Appetit auf mehr.

> *Dr. Martin Bangemann*
> Vizepräsident der Kommission der
> Europäischen Gemeinschaften

# Inhalt

**Vorwort**     5

## 1    Wie alles begann     11

| | | |
|---|---|---|
| 1.1 | Die Anfänge | 13 |
| 1.1.1 | Politische Initiativen vor dem Zweiten Weltkrieg | 13 |
| 1.1.2 | Nach dem Zweiten Weltkrieg | 14 |
| 1.2 | Die Gemeinschaft entsteht | 16 |
| 1.2.1 | Die Montanunion | 17 |
| 1.2.2 | Die Europäische Verteidigungsgemeinschaft (EVG) | 19 |
| 1.2.3 | Die Europäische Wirtschaftsgemeinschaft (EWG) | 20 |
| 1.3 | Der Weg zur Politischen Union | 22 |
| 1.3.1 | Der Fouchet-Plan | 23 |
| 1.3.2 | Die Europäische Politische Zusammenarbeit | 23 |
| 1.3.3 | Vom Tindemans-Plan zur Genscher/Colombo-Initiative | 25 |

## 2    Wie alles funktioniert     28

| | | |
|---|---|---|
| 2.1 | Der Ministerrat | 29 |
| 2.1.1 | Aufbau und Arbeitsweise des Ministerrats | 29 |
| 2.1.2 | Die gesetzgebende Funktion des Ministerrats | 31 |
| 2.2 | Die EG-Kommission | 32 |
| 2.2.1 | Aufbau und Arbeitsweise der EG-Kommission | 33 |
| 2.2.2 | Die Aufgaben der EG-Kommission | 34 |
| 2.2.3 | Who is who in der Kommission | 35 |
| 2.3 | Das Europäische Parlament | 37 |
| 2.3.1 | Das Parlament und seine Organe | 39 |

| 2.3.2 | Das Parlament und seine Kompetenzen | 41 |
|---|---|---|
| 2.3.2.1 | Mitwirkung bei der Gesetzgebung | 41 |
| 2.3.2.2 | Parlament und EG-Haushalt | 42 |
| 2.3.3 | Die EG-Parlamentarier | 42 |
| 2.4 | Der Europäische Rat als Impulsgeber | 44 |
| 2.5 | Der Wirtschafts- und Sozialausschuß (WSA) | 44 |
| 2.6 | Der Beratende Ausschuß der Europäischen Gemeinschaft für Kohle und Stahl (EGKS) | 46 |
| 2.7 | Der Europäische Rechnungshof | 47 |
| 2.8 | Der Europäische Gerichtshof (EuGH) | 48 |
| 2.9 | Andere Institutionen der EG | 51 |
| 2.9.1 | Die Europäische Investitionsbank (EIB) | 51 |
| 2.9.2 | Das Amt für Veröffentlichungen | 52 |
| 2.9.3 | Presse- und Informationsbüros | 52 |
| 2.9.4 | Die EG-Vertretungen | 53 |
| 2.10 | Die Finanzen der EG | 54 |
| 2.10.1 | Der Haushalt der EG | 55 |
| 2.10.2 | Die Strukturfonds | 57 |
| 2.11 | Der Europarat | 59 |

| **3** | **Was alles geplant ist** | **61** |
|---|---|---|
| 3.1 | Wirtschafts- und Währungsunion | 62 |
| 3.1.1 | Der Werner-Plan | 62 |
| 3.1.2 | Das Europäische Währungssystem (EWS) | 63 |
| 3.1.3 | Der ECU (European Currency Unit) | 65 |
| 3.1.4 | Der Delors-Plan | 68 |
| 3.1.5 | Das Für und Wider | 69 |
| 3.2 | Der Europäische Wirtschaftsraum (EWR) | 71 |
| 3.3 | Die Politische Union | 74 |
| 3.4 | Der Europäische Binnenmarkt | 76 |
| 3.4.1 | Die Vorgeschichte des Binnenmarkts | 78 |
| 3.4.2 | Der Cecchini-Bericht | 79 |

| 4 | **Was Europa den Bürgern bringt** | 81 |
|---|---|---|
| 4.1 | Das „Schengener Abkommen" | 82 |
| 4.1.1 | Schengen, II. Akt | 85 |
| 4.2 | Was Europa den Verbrauchern bringt | 86 |
| 4.3 | Karriere im Binnenmarkt | 90 |
| 4.3.1 | Freizügigkeit und Niederlassungsfreiheit | 91 |
| 4.3.2 | Programme der Gemeinschaft | 93 |
| 4.4 | Die europäische Sozialpolitik | 95 |
| 4.4.1 | Soziale Rechte der Arbeitnehmer | 96 |
| 4.4.2 | Die europäische Sozialcharta | 97 |
| 4.4.3 | Der Europäische Sozialfonds | 98 |
| 4.5 | Europäische Sprachenvielfalt | 98 |
| 4.6 | Europa der Frauen | 100 |
| 4.7 | Europäischer Umweltschutz | 104 |

| 5 | **Was Europa der Wirtschaft bringt** | 108 |
|---|---|---|
| 5.1 | Schnellerer Warenverkehr | 110 |
| 5.1.1 | Beseitigung technischer Schranken | 111 |
| 5.1.2 | Normen | 111 |
| 5.2 | Steuerharmonisierung | 112 |
| 5.2.1 | Die Mehrwertsteuer | 112 |
| 5.2.2 | Die Verbrauchsteuern | 113 |
| 5.2.3 | Direkte Steuern | 114 |
| 5.3 | Liberalisierung des öffentlichen Beschaffungswesens | 115 |
| 5.4 | Chancen für den Mittelstand | 116 |
| 5.4.1 | Das Euro-Fitneß-Programm | 116 |
| 5.4.2 | Business Cooperation Network (BC-Net) | 117 |
| 5.5 | Das Europa der Freien Berufe | 118 |
| 5.5.1 | Die Europäische Wirtschaftliche Interessenvereinigung | 120 |
| 5.6 | Europäische Spitzentechnologie und Forschung | 120 |

| 5.6.1 | Aktuelle Technologie- und Forschungsprogramme | 124 |
|---|---|---|
| 5.6.2 | Europäische Raumfahrt von morgen | 126 |

# 6 Was viele von Europa befürchten 131

| 6.1 | Social dumping | 132 |
|---|---|---|
| 6.2 | Drogenproblem: Binnenmarkt der Dealer | 135 |
| 6.2.1 | Der europäische Drogenmarkt | 136 |
| 6.2.2 | Drogen made in Europe | 138 |
| 6.3 | Grenzenlose Kriminalität | 139 |
| 6.4 | Der Verkehrskollaps | 141 |
| 6.4.1 | Beispiel Alpentransit | 142 |
| 6.4.2 | Chaos in der städtischen Verkehrspolitik | 145 |
| 6.4.3 | Europäische Lösungen | 147 |
| 6.5 | Europa — eine Handelsfestung? | 150 |

# 7 Europäer auf der Warteliste 154

| 7.1 | Die Neutralen und Nichtpaktgebundenen | 156 |
|---|---|---|
| 7.2 | Die „Warteliste" | 157 |
| 7.2.1 | Türkei | 158 |
| 7.2.2 | Österreich | 159 |
| 7.2.3 | Zypern | 160 |
| 7.2.4 | Malta | 160 |
| 7.2.5 | Schweden | 161 |
| 7.2.6 | Die Reformstaaten Mittel- und Osteuropas | 161 |

# 8 Schlußwort 163

# 9 Literaturverzeichnis 165

# 10 Stichwortverzeichnis 167

# 1 Wie alles begann

Die Renaissance der europäischen Idee begann Mitte der achtziger Jahre. Zwar war das Ziel der Integration Europas auch in der Zeit davor eine Konstante in der Außen- und Wirtschaftspolitik der EG-Staaten gewesen, im mühsamen Geschäft der Alltagspolitik und angesichts der Probleme auf dem Agrarsektor — Stichwort „Butterberg" — wich die Europabegeisterung jedoch sehr schnell der mit der praktischen Umsetzung einhergehenden Ernüchterung. Unmut über die Brüsseler „Bürokraten" wuchs nicht zuletzt unter den Deutschen, die sich unversehens in der Rolle des „Zahlmeisters der EG" glaubten. Die EG stand als Kürzel für eine teure, aber ineffiziente Super-Bürokratie, kurzum: ein steuergeldfressender Moloch.

*„Zahlmeister der EG"*

Eine seinerzeit zwar populäre, gleichwohl aber einseitige Sicht. Denn schon damals hatte sich der EG-Markt für die in starkem Maße exportabhängige deutsche Industrie als lebenswichtig und als Garant für den wachsenden Wohlstand zwischen Flensburg und Freiburg erwiesen.

Während sich die Europäer noch über Milchseen und Butterberge stritten, manchen nationalen Egoismus pflegten und sich in ihrer Forschungs- und Entwicklungsarbeit weitgehend verzettelten, schienen die Japaner und US-Amerikaner zunehmend die Hauptrolle bei der Entwicklung der Hochtechnologie zu übernehmen. Von der „pazifischen Herausforderung" war plötzlich die Rede; der Publizist Gerd-Klaus Kaltenbrunner gab einem seiner Bücher den provozierenden Titel „Europa — Weltmacht oder Kolonie?", und in Fachkreisen hieß es mit Blick auf den Mikroprozessor bald: „Die Amerikaner disponieren, die Japaner produzieren, die Deutschen diskutieren." Was auf die

Deutschen gemünzt war, hätte sich ebenso auf alle anderen EG-Staaten übertragen lassen.

Die Folgen blieben nicht aus: Anfang der achtziger Jahre geriet die Europäische Gemeinschaft „in die schwierigste Lage seit ihrer Gründung", so Außenminister Genscher am 19. November 1981 vor dem Europäischen Parlament in Straßburg. Und in der Tat mußten die wirtschaftlichen Indikatoren alarmierend stimmen. Das reale Bruttosozialprodukt war in jenem Jahr um 0,5 Prozent gesunken, die durchschnittliche Inflationsrate lag in den EG-Staaten bei 11,5 Prozent, neun Millionen Europäer suchten Arbeit, und im Außenhandel mit den Hauptkonkurrenten USA und Japan wies die EG ein Defizit von 45 beziehungsweise 20 Milliarden DM auf.

**Besinnung auf gemeinsame Stärken**

Vielleicht bedurfte es dieses heilsamen Schocks, jedenfalls begannen die Europäer fortan, sich endlich auf ihre *gemeinsamen* Stärken zu besinnen.

„Es war Mitte der achtziger Jahre, als die schlafende Prinzessin aufwachte", blickt der niederländische Publizist Aysso H. Reudink in der Fachzeitschrift „European Affairs" (2/3-91) zurück. Und weiter: „Wie niemals zuvor hatten der demokratische Teil Europas im allgemeinen und die ‚schlummernde' Europäische Gemeinschaft im besonderen erkannt, daß die Vereinigten Staaten von Amerika (. . . ) ihre ökonomische Kraft wiederentdeckten, während sich zur selben Zeit das ‚Epizentrum' des Welthandels vom Atlantik zum Pazifik verlagerte. . . "

Die „Prinzessin", zum Zeitpunkt ihres „Erwachens" immerhin schon fast dreißig Jahre alt, hatte indessen lange geschlafen.

## 1.1 Die Anfänge

Europa sei keine Neuschöpfung, sondern eine Wiederentdeckung, meinte einmal der frühere Präsident der EWG-Kommission, Professor Walter Hallstein. Die Vereinigten Staaten von Europa zu schaffen, das war bereits vor Jahrhunderten eine erstrebenswerte Utopie. Zu den prominentesten „Europäern" zählten unter anderem Immanuel Kant und Victor Hugo. Im ersten Drittel dieses Jahrhunderts, insbesondere aber nach dem Ersten Weltkrieg, faszinierte der Gedanke einer europäischen Integration als konkrete Chance zum friedlichen Zusammenleben der Völker die Jugend und Teile der Politik gleichermaßen. Im Alter von 29 Jahren veröffentlichte Richard Graf von Coudenhove-Kalergi 1923 sein paneuropäisches Manifest, dessen sehr offene Sprache Verkrustung und Immobilität der europäischen Staaten anprangerte. „Die Ursache des europäischen Niedergangs," schrieb Coudenhove-Kalergi, „ist politisch, nicht biologisch... Nicht die Völker sind senil, sondern nur ihr politisches System..." Der junge Europäer legte einen Stufenplan zum europäischen Einigungsprozeß vor, der von der Schaffung einer Zollunion bis hin zur Errichtung der Vereinigten Staaten von Europa reichte, die sich am Vorbild der USA orientieren sollten. Für damalige Verhältnisse geradezu revolutionäre Ideen...

**Chance zum friedlichen Zusammenleben**

### 1.1.1 Politische Initiative vor dem Zweiten Weltkrieg

Während der beiden Weltkriege engagierten sich insbesondere zwei Politiker für die europäische Idee: der französische Außenminister Aristide Briand (1862—1932) sowie sein deutscher Kollege Gustav Stresemann (1878—1929). Vor dem Genfer Völkerbund plädierte der französische Chefdiplomat 1929

**Aristide Briand**

**Gustav Stresemann**

für eine föderative europäische Union. Stresemann stimmte diesem Vorstoß in vielen Punkten zu und ermunterte Paris, detailliertere Pläne für dieses ehrgeizige Projekt vorzulegen. Als dies dann im Jahr darauf geschah, hatten sich die Rahmenbedingungen gravierend verändert. Gustav Stresemann war bereits vor Veröffentlichung des sogenannten Briand-Memorandums, in dem die französische Regierung ihre Vorstellungen über die geplante europäische Union erläuterte, gestorben. Eine schwere Rezession erschütterte Europa, und in ihrem Schatten griff zunehmender Nationalismus um sich. Dies war nicht mehr die Zeit der Europäer. Sechzehn lange Jahre sollte es dabei bleiben.

### 1.1.2 Nach dem Zweiten Weltkrieg

Zerstörung, Elend und Not dokumentierten nach dem Zweiten Weltkrieg die schlimmen Folgen von übersteigertem Nationalismus und gewissenlosem Fanatismus. Vor diesem Hintergrund setzte sich allmählich die Erkenntnis durch, daß nur eine enge europäische Zusammenarbeit, als deren wesentliche Voraussetzung die Überwindung der deutsch-französischen Gegnerschaft galt, die Völker dieses Kontinents in eine dauerhaft friedliche Zukunft führen würde. Der Eindruck, daß Moskau und Washington praktisch im Alleingang über das weitere Schicksal Europas entschieden, verstärkte diese Tendenz. Der Appell richtete sich nicht zuletzt an die jungen Europäer, die Winston Churchill in seiner berühmt gewordenen Zürcher Rede direkt ansprach: „Wir müssen etwas wie die Vereinigten Staaten von Europa schaffen. Nur so können Hunderte von Millionen schwer arbeitender Menschen wieder die einfachen Freuden und Hoffnungen zurückgewinnen, die das Leben lebenswert machen."

Das war 1946. Schon zwei Jahre später gründeten in Den Haag Repräsentanten europäischer Parteien, Gewerkschaften und der Wirtschaft die „Europäische Bewegung". In einer Botschaft an die Regierungen forderte sie „die Einigung unseres Kontinents". Hierzu müßten die Staaten Souveränitätsrechte an überstaatliche Organe abtreten. Derlei Appelle freilich stießen einstweilen nicht auf sehr viel Gegenliebe. Die Übertragung von nationalen Kompetenzen an eine wie auch immer geartete überstaatliche Behörde — diese Vorstellung löste in den europäischen Hauptstädten noch erhebliches Unbehagen aus.

Aber immerhin konnte die gerade aus der Taufe gehobene Europäische Bewegung doch zumindest einen Teilerfolg verbuchen. Schon am 5. Mai 1949 verabschiedeten die Vertreter von zehn europäischen Ländern das Statut für den zu gründenden Europarat. Von einer Übertragung von Souveränitätsrechten auf diese Organisation war allerdings keine Rede. Zu den Zielen des Europarates gehörte es, an der europäischen Einigung mitzuwirken, zur Verwirklichung von Demokratie und Menschenrechten beizutragen, die Lebensbedingungen in Europa zu verbessern und Gemeinsamkeiten im Leben der europäischen Völker zu entwickeln. Natürlich erhielt der Europarat eigene Organe (Ministerrat, die Beratende Versammlung als Parlament sowie das Generalsekretariat), dennoch handelte es sich lediglich um einen sehr losen Zusammenschluß souveräner Staaten.

**Statut für künftigen Europarat**

In den vergangenen Jahren geriet der Europarat als älteste europäische Institution etwas in den Hintergrund, wurde vielfach sogar als „das gute Gewissen Europas" karikiert, weil er sich solch „weicher" Themen wie Kunst, Wissenschaft und Menschenrechte annahm, während die harte Wirtschaftspolitik unter EG-Regie stand.

Andererseits erlaubte der Europarat stets auch Nicht-EG-Mitgliedern — von Finnland bis zur Türkei — die Teilnahme an einer Form der europäischen Integration. Und: Nach der Öffnung Mittel- und Osteuropas fungierte die Straßburger Organisation gleichsam als Brücke zu den Reformstaaten des einstigen Ostblocks.

---

DIE GRÜNDUNGSMITGLIEDER
DES EUROPARATS:
Belgien, Dänemark, Frankreich, Irland, Italien, Luxemburg, Niederlande, Norwegen, Schweden und Großbritannien.

---

## 1.2 Die Gemeinschaft entsteht

In dieser Anfangsphase der Integration zeigte sich sehr schnell, daß die Anhänger der europäischen Idee kein gemeinsames Konzept hatten. Schon bald kristallisierten sich drei Gruppen heraus:

**Föderalistisches System**

- Die Föderalisten. Sie forderten einen echten europäischen Bundesstaat, in dem die einzelnen Nationen nur noch jene Aufgaben ausführen, die sie besser verrichten können als die europäische Bundesregierung (Subsidiaritätsprinzip). Im Grunde entspräche ein solcher Aufbau Europas dem der Bundesrepublik Deutschland (Bundesregierung sowie mehrere Landesregierungen mit eigenen Zuständigkeiten, zum Beispiel in der Schulpolitik).

**Europa der Vaterländer**

- Die Konföderalisten. Ihnen schwebte ein Modell vor, das Charles de Gaulle einmal als „Europa der Vaterländer" bezeichnete. Dahinter steckt die Vorstellung, daß die einzelnen EG-Staaten den weitaus größten Teil der Souveränitätsrechte behalten und nur auf wenigen Feldern zu einer gemeinsamen Position kommen (zum Beispiel in der Agrarpolitik oder in Umweltfragen).

**Die erste Stufe zur Gründung der EG ist genommen: Am 18. April 1951 unterzeichneten Regierungsvertreter aus Deutschland, Frankreich, den Benelux-Staaten und Italien den Vertrag zur Schaffung der Europäischen Gemeinschaft für Kohle und Stahl (EGKS). Dieses Foto — aufgenommen im Pariser Außenministerium — geriet zu einem Dokument der europäischen Integrationsgeschichte.**

- Die Pragmatiker. Ihnen ging zwar der konföderative Ansatz nicht weit genug, gleichzeitig waren sie sich jedoch der Tatsache bewußt, daß ein europäischer Bundesstaat nur sehr allmählich, Schritt für Schritt und unter Hinnahme einer Reihe von Kompromissen möglich erschien.

### 1.2.1 Die Montanunion

Einen ersten Schritt zur Überleitung nationaler Zuständigkeiten an eine europäische Behörde schlug der französische Außenminister Robert Schumann in seiner Erklärung vom 9. Mai 1950 vor. Es sei „nicht möglich, Europa mit einem Schlage oder durch einfache Zusammenarbeit herzustellen", meinte der Franzose und sprach sich für eine europäische Behörde für den Montan-Bereich (Kohle und Stahl) aus. Den Plan hierzu entwarf der französische Wirtschaftsexperte Jean Monnet, der bis heute zu den Vätern Europas zählt.

Im Kern sah die geplante „Europäische Gemeinschaft für Kohle und Stahl — EGKS" (Montanunion) eine gemeinsame Planung, Kontrolle und Verwertung von Kohle- und Stahlprodukten vor.

Allerdings erscheint es als ein Gebot der historischen Redlichkeit, die EGKS nicht nur als Resultat der europäischen Aufbruchsstimmung darzustellen. Vielmehr verband sich die Montanunion für die beiden Hauptbeteiligten — Frankreich und die Bundesrepublik Deutschland — auch mit anderen Überlegungen. Frankreich gewann nämlich über die EGKS Einfluß auf die strategisch wichtige deutsche Kohle- und Stahlproduktion, während sich Deutschland wieder als anerkannter, souveräner Staat fühlen durfte.

**18.4.1951 Meilenstein der europäischen Integrationsgeschichte**

Wie auch immer, der 18. April 1951, als im Uhrensaal des Pariser Außenministeriums der Vertrag zur Gründung der EGKS (der neben Deutschland und Frankreich auch Italien sowie Belgien, Luxemburg und die Niederlande angehörten) unterzeichnet wurde, markiert jedenfalls eines der wichtigsten Daten in der europäischen Integrationsgeschichte.

In Artikel 2 des EGKS-Gründungsvertrages wurden die Ziele der ersten supranationalen europäischen Behörde folgendermaßen definiert:

„Die Europäische Gemeinschaft für Kohle und Stahl ist dazu aufgerufen, im Einklang mit der Gesamtwirtschaft der Mitgliedstaaten und auf der Grundlage eines gemeinsamen Marktes (...) zur Ausweitung der

Wirtschaft, zur Steigerung der Beschäftigung und zur Hebung der Lebenshaltung in den Mitgliedstaaten beizutragen."

## 1.2.2 Die Europäische Verteidigungsgemeinschaft (EVG)

Die Jahre der Nachkriegszeit wurden von politischen Krisen, einem sich verschärfenden Ost-West-Konflikt und dem Korea-Krieg geprägt. Die Verteidigung Westeuropas gegenüber der von Moskau ausgehenden kommunistischen Expansionspolitik sollte nun auch wieder Sache der Deutschen werden, wenngleich sich gegen solche, insbesondere von den USA forcierten Pläne im In- wie im Ausland wenige Jahre nach dem Zusammenbruch der Hitler-Diktatur und den schrecklichen Folgen des Zweiten Weltkrieges energischer Widerstand regte.

Eine Möglichkeit, das Mißtrauen gegenüber einer neuen deutschen Armee abzubauen, bestand in deren Einbettung in eine gesamteuropäische Verteidigungsstruktur. Vorbild sollte die Zusammenarbeit in der EGKS sein. In dieser Situation brachte der französische Verteidigungsminister René Pleven den Gedanken einer Europäischen Verteidigungsgemeinschaft (EVG) ins Spiel, der von den EGKS-Staaten aufgegriffen und weiterentwickelt wurde. Im EVG-Gründungsvertrag ist von europäischen, nicht nationalen Streitkräften die Rede. Ferner heißt es: „Die Europäische Verteidigungsgemeinschaft ist, ebenso wie die Europäische Montangemeinschaft, eine (. . .) überstaatliche Gemeinschaft."

Allerdings war die EVG von Anfang an mit einer Hypothek belastet: Großbritannien wollte ihr nicht beitreten. Am 30. August 1954 weigerte sich dann sogar die französische Nationalversammlung, den EVG-

**Kein Beitritt Großbritanniens**

Vertrag zu ratifizieren. Einerseits ein schwerer Rückschlag für Europa, andererseits wurden dadurch die Weichen für den deutschen NATO-Beitritt sowie zur Gründung der Westeuropäischen Union (WEU) am 23. Oktober 1954 in Paris gestellt. Die WEU war eine Fortentwicklung der 1948 gegründeten Westunion, der Großbritannien, Frankreich sowie die Benelux-Staaten angehörten, und die nunmehr als Anachronismus empfunden werden mußte, sollte sie doch die Mitgliedstaaten vor einem möglichen deutschen Angriff schützen. Nachdem sich Deutschland nun aber am Schutz Westeuropas gegenüber Moskau zu beteiligen hatte, paßten Bündnisse mit derlei Zielen nicht mehr in die politische Landschaft.

Die WEU, der die Bundesrepublik Deutschland seit Gründung angehört, gilt als Instrument zur Stärkung des europäischen Pfeilers der NATO und spielt bei den aktuellen Überlegungen der EG zur Schaffung einer gemeinsamen Außen- und Sicherheitspolitik im Rahmen der Politischen Union wieder eine wichtige Rolle.

### 1.2.3. Die Europäische Wirtschaftsgemeinschaft (EWG)

Enttäuscht vom Scheitern der Europäischen Verteidigungsgemeinschaft überlegten die Regierungen der Montanunion neue Wege der weitergehenden Integration. Angesichts der insgesamt guten Erfahrungen mit der EGKS lag es nahe, diese Art der Zusammenarbeit auf alle Bereiche der Wirtschaft auszudehnen. Die Idee zur Gründung einer Europäischen Wirtschaftsgemeinschaft (EWG) reifte.

Und wiederum gab es zwei unterschiedliche „Denkschulen", sogar innerhalb der deutschen Bundesregierung. Da waren zunächst die sogenannten Funktionalisten, die zwar eine funktionelle Wirtschaftsintegration Europas verlangten, sich mit starken europäischen Institutionen allerdings nicht anzufreunden vermochten. Auf der anderen Seite standen die Institutionalisten, zu denen auch der damalige Bundeskanzler Konrad Adenauer sowie Walter Hallstein gehörten. Sie dachten an eine dauerhafte, gefestigte politische Institution und setzten sich mit dieser Haltung am Ende durch.

**Konrad Adenauer und Walter Hallstein setzten sich durch**

Schließlich beauftragten die Außenminister der EGKS einen Ausschuß unter Leitung des Belgiers Paul Henri Spaak, einen Bericht über die künftige europäische Integration zu erstellen. Die Studie (Spaak-Bericht) geriet zu einem leidenschaftlichen Plädoyer für eine Europäische Wirtschaftsgemeinschaft, weil dies die einzige Chance sei, im Konkurrenzkampf mit der ökonomischen Supermacht USA langfristig bestehen zu können.

Daraus zogen die Staaten der Montanunion am 25. März 1957 die Konsequenz: Mit Unterzeichnung der Römischen Verträge zur Gründung der Europäischen Wirtschaftsgemeinschaft und „Euratom" (Energiepolitik) entstanden die Europäischen Gemeinschaften (EG).

In Artikel 3 des EWG-Vertrages wurden unter anderem folgende Ziele fixiert:

- Abschaffung der Zölle und mengenmäßigen Beschränkungen bei der Ein- und Ausfuhr von Waren
- Einführung eines gemeinsamen Zolltarifs gegenüber Drittländern
- Beseitigung der Hindernisse für den freien Personen-, Dienstleistungs- und Kapitalverkehr
- Gemeinsame Landwirtschaftpolitik
- Gemeinsame Verkehrspolitik
- Koordinierung der nationalen Wirtschaftspolitiken

- Schaffung eines Europäischen Sozialfonds
- Errichtung einer Europäischen Investitionsbank
- Angleichung innerstaatlicher Rechtsvorschriften.

Alle drei Gemeinschaften — also EGKS, EWG und „Euratom" haben seit 1967 gemeinsame Organe, nämlich

— den Europäischen Rat
— den Ministerrat
— die Kommission
— das Europäische Parlament
— den Europäischen Gerichtshof sowie
— den Europäischen Rechnungshof.

Der Grundstein für das Europa von heute war gelegt!

---

DIE GRÜNDUNGSMITGLIEDER DER EWG:
Frankreich, Italien, Deutschland, Belgien,
Niederlande und Luxemburg

---

## 1.3 Der Weg zur Politischen Union

Die Gründung der EG wie auch die Jahre danach zeigten eines ganz deutlich: die staatenübergreifende Zusammenarbeit funktionierte dort am besten, wo sich alle Beteiligten Vorteile versprachen — auf dem Gebiet der Wirtschaft. Sobald Versuche zur politischen Integration unternommen wurden, war das Scheitern programmiert (siehe Europäische Verteidigungsgemeinschaft). Die sechs EG-Staaten taten sich äußerst schwer, politische Kompetenzen an eine supranationale Behörde abzugeben, obwohl es an Vorschlägen hierzu bereits in den sechziger Jahren nicht mangelte.

## 1.3.1 Der Fouchet-Plan

Im November 1961 präsentierte der französische Diplomat Christian Fouchet einen Plan zur Schaffung einer „Union der europäischen Völker." Dieses Konzept war von einer Kommission unter Leitung Fouchets ausgearbeitet worden und spiegelte die Wünsche des französischen Präsidenten Charles de Gaulle wider. Der Fouchet-Plan hinterließ einen sehr zwiespältigen Eindruck. Auf der einen Seite geriet er zu einem Plädoyer zur Vertiefung der politischen Zusammenarbeit zwischen den sechs EG-Staaten und nannte in diesem Zusammenhang die Außen- und Sicherheitspolitik sowie die Kultur und die Wahrung der Menschenrechte. Insofern stellte die französische Initiative auf den ersten Blick sicherlich einen Schritt in Richtung „Politische Union" dar. Auf der anderen Seite sollte aber nicht ein unabhängiges europäisches Organ diese gemeinsame Politik bestimmen, sondern ein Gremium, zusammengesetzt aus Vertretern der einzelnen Regierungen. Hier kam also wieder die französische Idee vom „Europa der Vaterländer" zum Vorschein, dem die Föderalisten das „Vaterland Europa" entgegenstellten.

**Schritte zur politischen Union**

„Deutlich war das Ziel, die Gemeinschaft zurückzubilden", schrieb rückblickend Walter Hallstein über den Fouchet-Vorschlag, der am Ende scheitern mußte.

## 1.3.2 Die Europäische Politische Zusammenarbeit

Derweil machte die wirtschaftliche Integration bedeutende Fortschritte. Bereits 1968 — und damit früher als geplant — verwirklichten die sechs EG-Staaten die Zollunion. Der Wert der deutschen Ausfuhren in die EG-Partnerländer erhöhte sich von 1,768 Milliarden

Dollar im Jahr 1955 auf über 15,6 Milliarden 1971. Die Ausfuhren Italiens in die Staaten der Wirtschaftsgemeinschaft stiegen im gleichen Zeitraum um 1434 Prozent (!).

Unterdessen interessierte sich eine Reihe weiterer Staaten für einen Beitritt zur EG. Großbritannien, Dänemark, Irland und Norwegen standen auf der Warteliste, obgleich eine mögliche Integration dieser Länder innerhalb der Bevölkerung teilweise auf heftige Opposition stieß.

**2. 12. 69
Den Haag:
Beschluß engerer Zusammenarbeit**

Die ökonomischen Fortschritte, das Interesse anderer Länder an der Gemeinschaft — das war mit Peinlichkeiten wie der gescheiterten Europäischen Verteidigungsgemeinschaft oder dem Gezerre zwischen Föderalisten und Konföderalisten nicht mehr in Einklang zu bringen. Unter dem Druck dieser Erkenntnis beschlossen die Staats- und Regierungschefs der Gemeinschaft am 2. Dezember 1969 in Den Haag eine engere Zusammenarbeit in der Außenpolitik „in dem Bestreben, Fortschritte auf dem Gebiet der politischen Einigung zu erzielen". Dies fiel den Staats- und Regierungschefs umso leichter, als sie einen neuen Kollegen in ihren Reihen wußten: den de Gaulle-Nachfolger Georges Pompidou, der sich etwas flexibler zeigte als sein Vorgänger. Das führte unter anderem auch zur Aufnahme von Verhandlungen über eine eventuelle Erweiterung der Gemeinschaft.

Die Übereinkunft der sechs Europäer, künftig in außenpolitischen Fragen enger zusammenarbeiten zu wollen, legte 1970 den Grundstein für die Europäische Politische Zusammenarbeit (EPZ), die freilich erst 16 Jahre später mit der Einheitlichen Europäischen Akte eine völkerrechtlich verbindliche Grundlage und ein Sekretariat in Brüssel erhielt. Dennoch habe sich die EPZ aus bescheidenen Anfängen rasch zu einem wichtigen Instrument nationaler Interessenwahrung und europäischer Integration entwickelt, schrieb die frühere Staatsministerin im Auswärtigen Amt, Irmgard Adam-Schwaetzer, zum 20jährigen Bestehen der EPZ in der Stuttgarter Monatszeitschrift „Europa" (5/89). Als nützlich erwies sich die Europäische Zusammenarbeit zum Beispiel für den Dialog mit Staatengruppierungen wie ASEAN, Zentralamerika oder der Arabischen Liga.

Was die Verhandlungen mit den vier Beitrittskandidaten angeht, so zeigten die Norweger der Gemeinschaft die kalte Schulter. Mit 53,5 gegen 46,5 Prozent der Stimmen lehnten die Bürger dieses skandinavischen Landes im September 1972 einen EG-Beitritt ab. So blieb es bei der Integration Großbritanniens, Irlands und Dänemarks zum 1. Januar 1973. Acht Jahre später folgte Griechenland, seit 1. Januar 1986 gehören auch Spanien und Portugal zur Europäischen Gemeinschaft.

**Norwegen zeigt kalte Schulter**

## 1.3.3 Vom Tindemans-Plan zur Genscher/Colombo-Initiative

Noch vor der Erweiterung von sechs auf neun Mitgliedstaaten nahmen sich die EG-Regierungen vor, bis zum Jahr 1980 eine Politische Union zu schaffen, wobei dieser Begriff allerdings immer noch sehr diffus anmutete. Denn was sich nun exakt dahinter verbarg, darüber gingen die Ansichten auseinander. Der damalige belgische Ministerpräsident Leo Tindemans sollte für Klarheit sorgen und Form, Rechte und Organe dieser Union definieren. Das Ergebnis, der 1975 vorgelegte und vielbeachtete Tindemans-Plan, nannte sechs wichtige Aufgaben für die Gemeinschaft:

**Tindemans-Plan von 1975**

1. Eine gemeinsame, über den EPZ-Rahmen hinausreichende Zusammenarbeit in der Außenpolitik der EG.

2. Mehr Rechte und Kompetenzen für die EG-Institutionen, insbesondere für das Europäische Parlament (Einbeziehung in das Gesetzgebungsverfahren).
3. Eine Wirtschafts- und Währungsunion.
4. Eine gemeinsame Sozial- und Regionalpolitik.
5. Mehr europäische Bürgernähe.
6. Aufbau einer Europäischen Union.

Rasch erwies sich auch dieser Tindemans-Plan als nicht konsensfähig.

Am 19. November 1981 unterbreitete dann Bundesaußenminister Hans-Dietrich Genscher seinen zusammen mit dem italienischen Außenminister Emilio Co-

**Plädierte in dem nach ihm benannten Plan schon 1975 für mehr Rechte des Europäischen Parlaments und eine engere Zusammenarbeit der EG-Staaten im Bereich der Außenpolitik: der frühere belgische Ministerpräsident Leo Tindemans, heute Mitglied des Europäischen Parlaments.**

lombo ausgearbeiteten Plan zur politischen Einigung dem Europäischen Parlament. Darin schlugen die beiden Politiker ein kohärentes Zusammenwirken der europäischen Institutionen, den Ausbau der EPZ sowie ein starkes Parlament „als Motor für die europäische Einigung und als Zentrum europäischen Bewußtseins" vor. Ferner forderten sie eine Verbesserung der europäischen Entscheidungsprozesse.

1983 verabschiedeten die Staats- und Regierungschefs auf ihrem Gipfeltreffen in Stuttgart eine „Feierliche Erklärung zur Europäischen Union", die wohl aber eher rhetorischen als substantiellen Wert hatte. Erst das Europäische Parlament billigte im Jahr darauf einen Entwurf zur Gründung der Europäischen Union, der verfassungsähnlichen Charakter hatte und die Basis für die im Dezember 1985 in Luxemburg verabschiedete Einheitliche Europäische Akte bildete.

**1983 Stuttgarter Gipfeltreffen**

Mit dieser Mitte 1987 in Kraft getretenen Akte (EEA) erhielt die Europäische Politische Zusammenarbeit — wie erwähnt — eine völkerrechtlich verbindliche Grundlage. Sie beschleunigte überdies das Beschlußverfahren im Europäischen Rat, indem sie in vielen Fällen eine qualifizierte Mehrheit an die Stelle der bis dahin erforderlichen Einstimmigkeit setzte, stärkte die Funktion des Europäischen Parlaments und nannte eine europäische Umwelt- sowie Forschungs- und Entwicklungspolitik als neue Felder der Zusammenarbeit innerhalb der EG.

**Verbindliche völkerrechtliche Grundlage**

Die EEA ist mithin die wichtigste Reform der Römischen Verträge von 1957. Sie schuf immerhin die Voraussetzungen für den Gemeinsamen Binnenmarkt ab 1993.

Auf ihrem Gipfeltreffen in Rom Ende 1990 riefen die Staats- und Regierungschefs der EG zwei Regierungskonferenzen ins Leben, die sowohl die Politische als auch die Wirtschafts- und Währungsunion vorbereiteten.

## 2 Wie alles funktioniert

Unerläßlich für das Funktionieren und das Weiterkommen der in der Gemeinschaft zusammengefaßten zwölf Länder sind gemeinsame Organe, die Initiativen auf den Weg bringen, Beschlüsse fassen, Gesetze ausarbeiten und deren Umsetzung in den einzelnen Ländern überwachen.

Anfangs waren für alle drei Europäischen Gemeinschaften (EGKS, EWG und EAG) eigene Organe vorgesehen. Aber bereits mit Unterzeichnung der EWG- und EAG-Verträge am 25. März 1957 in Rom wurde ein Abkommen über gemeinsame Organe abgeschlossen. Etwa 10 Jahre später trat dann der sogenannte

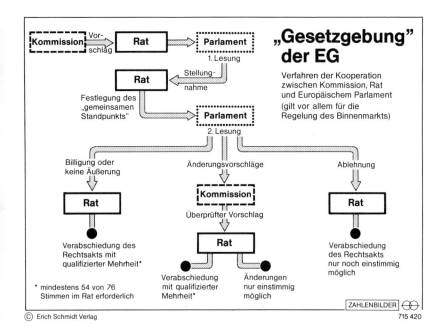

Fusionsvertrag in Kraft, mit dem der Ministerrat und die Kommission ihre Arbeit aufnahmen und die bisherigen separaten Organe ersetzten.

Fast 20000 Beamte halten die Europäischen Gemeinschaften am Laufen. Das heißt, auf 100000 Europäer kommen etwa sechs EG-Beamte. Zum Vergleich: Dieselbe Anzahl Bürger wird von 4200 nationalen Beamten betreut. So gesehen, ist der EG-Apparat nicht so riesig wie es vielen Bürgern scheint. Pro Kopf zahlen die Europäer übrigens jährlich nicht einmal elf Mark für die EG-Bürokratie.

## 2.1 Der Ministerrat

Der Ministerrat der drei Europäischen Gemeinschaften nahm seine Arbeit am 1. Juli 1967 auf. Er ist das Gremium, in dem die Entscheidungen getroffen, die Gesetze gemacht werden. Da im Ministerrat die Regierungen der einzelnen Mitgliedstaaten der EG vertreten sind, wird die Legislative der EG faktisch durch die Exekutive der Mitglieder ausgeübt. In dieser Konstellation drückt sich auch der Wunsch der EG-Partner nach Wahrung der nationalen Interessen und Kontrolle der Gemeinschaftsorgane und -arbeit aus.

### 2.1.1 Aufbau und Arbeitsweise des Ministerrats

Dem Rat gehört aus den Regierungen der Mitgliedsländer je ein Vertreter im Rang eines Ministers oder Staatssekretärs an. Das Gremium kann je nach Thema als Allgemeiner Rat oder als Fachministerrat tagen. An den Sitzungen des Letzteren nehmen die für den jeweiligen Themenkreis zuständigen Fachminister teil, an den Treffen des Allgemeinen Rats die Außenminister. Im Durchschnitt tagt der Ministerrat 80mal pro Jahr, meist in Brüssel. Die Tagungen werden durch den Ratspräsidenten, auf Antrag eines Mitgliedstaates oder der EG-Kommission einberufen. Die Präsidentschaft wechselt alle sechs Monate zwischen den Mitgliedern. Dabei gilt die alphabetische Reihenfolge der Ländernamen. Das Land, das die Präsidentschaft innehat, hat in dieser Zeit großen Einfluß auf die Auswahl der Themen, die im Rat diskutiert werden, und auf die Ergebnisse der Sitzungen. So hatte beispielsweise die Vorbereitung der Konferenz über die politische Union Europas am 15. Dezember 1990 in Rom unter italienischer Regie entscheidenden Anteil an den positiven Ergebnissen dieses Treffens. Die zukünftige Arbeit zu diesem Bereich wurde auf eine gemeinsame Grundlage gestellt und kanalisiert.

Die Arbeit des Ministerrats wird im organisatorisch-technischen Bereich von einem Generalsekretariat mit 2000 Beamten und Sitz in Brüssel unterstützt.

Die politische Vorbereitung der Ratstagungen findet im Ausschuß der Ständigen Vertreter (AStV) und im Sonderausschuß Landwirtschaft statt, deren Arbeit wiederum durch Ratsgruppen und Ausschüsse gestützt wird.

**Entscheidungen mit einstimmiger oder qualifizierter Mehrheit**

Die Ständigen Vertreter sind EG-Botschafter der Mitgliedstaaten. Wenn sie sich über ein Thema einigen können, wird über diesen Punkt bei den Tagungen des Ministerrats ohne inhaltliche Aussprache entschieden. Die Ratsentscheidungen müssen einstimmig oder mit qualifizierter Mehrheit getroffen werden; das bedeutet, daß die Stimmen der Mitglieder gewichtet werden und für eine Entscheidung 54 von 76 Stimmen erforderlich sind. Beschlußfähig ist der Rat, wenn mindestens die Hälfte der Mitgliedstaaten vertreten ist.

## 2.1.2 Die gesetzgeberische Funktion des Ministerrats

Obwohl der Ministerrat der Entscheidungsträger der EG ist und innerhalb der Gemeinschaft die gesetzgeberische Funktion ausübt, kann er nur auf Vorschlag der EG-Kommission tätig werden. Allerdings hat der Rat die Möglichkeit, die Kommission zu entsprechenden Vorschlägen aufzufordern.

Der Ministerrat kann seinen gesetzgeberischen Aufgaben mit Verordnungen, Richtlinien, Entscheidungen, Empfehlungen und Stellungnahmen nachkommen. Verordnungen sind das wirksamste Mittel, um EG-Recht sofort und für jeden verbindlich durchzusetzen. Eine EG-Verordnung steht über dem nationalen Recht. Die Richtlinie dagegen setzt Ziele fest, die durch die Mitgliedstaaten, meist innerhalb eines bestimmten Zeitraums, in nationales Recht umgesetzt werden müssen. Große Schwierigkeiten gab es in der Bundesrepublik bei der Umsetzung der EG-Richtlinie zum Trinkwasser im Herbst 1989. Da viele deutsche Wasserwerke die von der EG festgelegten Grenzwerte für Pestizidrückstände im Trinkwasser nicht einhalten konnten, schuf die nationale Gesetzgebung Übergangsregelungen.

**EG-Verordnung steht über nationalem Recht**

Entscheidungen sind Rechtsakte, die nur für einen bestimmten Staat, eine Gruppe oder ein Unternehmen gelten. Damit wird sozusagen über Einzelfälle entschieden. Empfehlungen und Stellungnahmen haben keinen zwingenden Charakter. Lediglich im EGKS-Bereich verhält es sich anders. Dort entsprechen Empfehlungen Richtlinien. In welchen Fällen der Ministerrat bindende Rechtsakte erlassen kann, geht aus den EG-Verträgen hervor.

1989 verabschiedete der Ministerrat 394 Verordnungen, 79 Richtlinien und 61 Beschlüsse und Entscheidungen.

## 2.2 Die EG-Kommission

Mit über 10000 Mitarbeitern in Brüssel und Luxemburg ist die Kommission im weiteren Sinne die größte Behörde der EG.

Die EG-Kommission im engeren Sinne besteht aus nur 17 Mitgliedern, die zwar von den Regierungen der Mitgliedstaaten ernannt werden, jedoch nur den Interessen der Gemeinschaft verpflichtet sind. Die politische Kontrolle der Kommission erfolgt durch das Europäische Parlament.

In aller Welt bekannt: der Glaspalast der EG-Kommission in Brüssel. In den letzten Jahren erschien das monströse Gebäude vielen Bürgern als Symbol für die vermeintlich oder tatsächlich schwerfällige EG-Bürokratie. Die Tage des „Europa-Sterns" freilich sind gezählt.

Die EG-Kommission wird als Motor oder Regierung der Gemeinschaft und als Hüterin der Gemeinschaftsverträge bezeichnet. Sie ist das Exekutivorgan der EG. Außerdem verwaltet die Kommission Fonds und Programme der EG und somit den Großteil des Haushalts.

Die EG-Kommission hat das Initiativrecht: Sie hat das Recht und die Pflicht, im Ministerrat Gesetzentwürfe einzubringen. Ohne ihre Beteiligung kann in der EG kein Gesetz entstehen. 1990 hat die Kommission dem Ministerrat über 600 Gesetzesvorschläge gemacht.

## 2.2.1 Aufbau und Arbeitsweise der EG-Kommission

Die 17 Kommissionsmitglieder werden auf vier Jahre ernannt. Mit Ausnahme von Deutschland, Frankreich, Großbritannien, Italien und Spanien, die jeweils zwei Mitglieder entsenden, benennt jedes EG-Land ein Kommissionmitglied. Jedes der 17 Mitglieder hat eine Stimme. Entschieden wird mit einfacher Mehrheit.

Die Kommission tagt wöchentlich. Aus den Reihen der Kommission wird alle zwei Jahre ein Präsident gewählt. Der Franzose Jacques Delors nimmt diese Funktion seit nunmehr sechs Jahren wahr. **Wöchentliche Tagung**

Alle Kommissionsmitglieder haben ein Büro mit etwa fünf Mitarbeitern, das Kabinett genannt wird. Die Kommissare selbst und ihre Kabinette sind gegenüber den 22 Generaldirektionen, die in etwa deutschen Ministerien entsprechen, weisungsbefugt. In den Generaldirektionen und deren Ausschüssen findet die eigentliche Sacharbeit statt, die der Kommission die Grundlage ihrer Entscheidungen verschafft. In den Ausschüssen sitzen Beamte, Wissenschaftler, Exper-

**Bei Nichteinigung Einschaltung des Ministerrates**

ten aus Verbänden und Forschungseinrichtungen. Neben den beratenden Ausschüssen für die Generaldirektionen gibt es die Verwaltungs- und Regelungsausschüsse. Sobald sich die beiden Ausschüsse und die Kommission nicht über ein gemeinsames Votum bei anstehenden Entscheidungen einigen können, wird der Ministerrat eingeschaltet. Geben zum Beispiel Kommission und Regelungsausschuß ihre Zustimmung zu einer technischen Durchführungsvorschrift, gilt diese als erlassen. Wird keine Einigung erzielt, muß der Rat mit qualifizierter Mehrheit entscheiden. Einigen sich seine Mitglieder ebenfalls nicht, fällt die Entscheidung an die Kommission zurück oder der Vorschlag ist endgültig abgelehnt. Diese beiden Möglichkeiten — obwohl bar jeglichen kulinarischen Genusses — nennt man „Filet" und „Contre-Filet".

### 2.2.2 Die Aufgaben der EG-Kommission

Neben der Ausarbeitung von Gesetzesvorschlägen für den Ministerrat ist die Kommission mit der Durchsetzung der Gemeinschaftsregeln betraut. Sie kann die notwendigen Durchführungsbestimmungen erlassen und auf ihre Einhaltung klagen, sie leitet Vertragsverletzungsverfahren ein und wacht als oberste Kartellbehörde der EG über die Einhaltung der entsprechenden Bestimmungen. Bei Verstößen gegen die Wettbewerbsbestimmungen der EG kann die Kommission sogar Bußgelder verhängen. Außerdem tritt die Kommission bei Verhandlungen mit Nicht-EG-Staaten als Verhandlungsführer der Gemeinschaft auf. Häufig fällt ihr auch die Rolle des Vermittlers zwischen den einzelnen EG-Staaten zu. Wie im täglichen Leben gilt auch hier: Zwei oder drei können sich im Zweifelsfall eher einigen als zwölf.

**Bußgelder bei Wettbewerbsverstößen**

## 2.2.3 Who is Who in der Kommission

Die Kommissionsmitglieder und ihre Aufgabenbereiche:

*Präsident:* Jacques Delors

Generalsekretariat, Juristischer Dienst, Währungsangelegenheiten, Dienst des Sprechers, Planungsstab, Gemeinsamer Dolmetscher- und Konferenzdienst, Sicherheitsbüro

*Vizepräsidenten:*
Franz Andriessen
Auswärtige Beziehungen und Handelspolitik, Zusammenarbeit mit anderen europäischen Staaten

Henning Christophersen
Wirtschaft und Finanzen, Koordinierung der Strukturfonds, Statistisches Amt

Manuel Marin
Zusammenarbeit und Entwicklung, Fischerei

Filippo Maria Pandolfi
Wissenschaft, Forschung und Entwicklung, Telekommunikation, Informationsindustrie und Innovation, Gemeinsame Forschungsstelle

Martin Bangemann
Binnenmarkt und gewerbliche Wirtschaft, Beziehungen zum Europäischen Parlament

Sir Leon Brittan
Wettbewerb, Finanzinstitutionen

Mitglieder der Kommission:
Carlo Ripa di Meana
Umwelt, Nukleare Sicherheit, Zivilschutz

Antonio Cardoso e Cunha
Personal und Verwaltung, Energie und Euratom-Versorgungsagentur, Klein- und Mittelbetriebe, Handwerk, Handel, Tourismus, Sozialwirtschaft

Abel Matutes
Mittelmeerpolitik, Beziehungen zu Lateinamerika, Nord-Süd-Beziehungen

Peter Schmidhuber
Haushalt, Finanzkontrolle

Christiane Scrivener
Steuern und Zollunion, Fragen im Zusammenhang mit Steuern und Sozialabgaben

Bruce Millan
Regionalpolitik

Jean Dondelinger
Medien und Kultur, Informations- und Kommunikationspolitik, Europa der Bürger, Amt für Veröffentlichungen

Ray MacSharry
Landwirtschaft, Entwicklung des ländlichen Raums

Karel van Miert
Verkehr, Kredit und Investitionen, Verbraucherschutz

Vasso Papandreou

Beschäftigung, Arbeitsbeziehungen und soziale Angelegenheiten, Humankapital, Erziehung und Bildung

## 2.3 Das Europäische Parlament

**Das Europa-Palais in Straßburg, Sitz des Europarates. Das Europäischen Parlament, das ebenfalls in diesem Gebäude tagt, gilt lediglich als „Untermieter".**

Das Parlament der Gemeinschaft in seiner jetzigen Form mit direkt gewählten Abgeordneten, gibt es eigentlich erst seit 1979. Damals fand im Juni die erste Direktwahl zum Europäischen Parlament statt. Die Bürger der neun Mitgliedstaaten wählten 410 Abgeordnete. Die Wahlbeteiligung lag zwischen 58 und 85 Prozent. Schon bei dieser Wahl manifestierte sich die Skepsis, die in Großbritannien gegenüber einem geeinten Europa herrscht, in der niedrigsten Wahlbeteiligung: Nur 32 Prozent der Wahlberechtigten gingen tatsächlich zur Urne. Auch in Dänemark lag die

Wahlbeteiligung unter 50 Prozent, und 20 Prozent stimmten dort gar für die „Volksbewegung gegen die EG." Der Vorgänger des Europäischen Parlaments war die gemeinsame Versammlung, die erstmalig im Frühjahr 1958 zusammentrat. Die 142 Abgeordneten wurden seinerzeit von den Mitgliedstaaten ernannt. Seit den Anfängen des Europäischen Parlaments erfolgte eine kontinuierliche — wenn auch langsame — Erweiterung seiner Kompetenzen. Von einem fast nur beratenden Organ hat es sich zu einer selbstbewußten Institution entwickelt, die zunehmend Mittel und Wege findet, gehört zu werden. Dazu beigetragen hat entscheidend, daß die Abgeordneten jetzt alle fünf Jahre durch die Europäer gewählt werden. Sie erhalten damit eine Legitimation und größeres Gewicht gegenüber Ministerrat und Kommission.

**Wahlen alle 5 Jahre**

## 2.3.1 Das Parlament und seine Organe

**Der Plenarsaal des Europäischen Parlaments in Straßburg.**

Mittlerweile besteht das Europäische Parlament aus 518 Abgeordneten aus 12 Mitgliedstaaten. Aus Deutschland, Frankreich, Großbritannien und Italien kommen die meisten Abgeordneten: jeweils 81. Im Parlament gibt es neun Fraktionen; die beiden größten sind die Sozialisten mit 166 Sitzen und die Christdemokraten mit 113. Nur zwei Abgeordnete sind fraktionslos. Die Abgeordneten vertreten insgesamt fast 80 verschiedene Parteien. Für die Bundesrepublik sind zur Zeit Vertreter von CDU, CSU, FDP, SPD und der Grünen in Straßburg. 18 Vertreter aus Ostdeutschland sind bis 1994, wenn wieder gewählt wird, als Beobachter im Parlament zugelassen. Das Parlament tagt einmal pro Monat für eine Woche in Straßburg.

Die Vorbereitung der Plenartagungen erfolgt in 18 in Brüssel arbeitenden Ausschüssen. Die Ausschüsse treffen sich ebenfalls monatlich für ein bis zwei Tage. Sie erarbeiten Berichte und Stellungnahmen zu den Gesetzesvorschlägen der Kommission, führen öffentliche Anhörungen zu verschiedenen Themen durch und beschäftigen sich unabhängig von Kommission und Ministerrat mit Problemen, die die Parlamentarier für wichtig halten. Dazu gehören vor allem der Verbraucherschutz und Aktivitäten, die man in den Rahmen „Europa der Bürger" stellen könnte. Während Ministerrat und Kommission eher das Regierungs- oder Gesamtinteresse vertreten, sind die Parlamentarier die Interessenvertretung des „kleinen Mannes", des Individuums, dessen Interessen sie vertreten müssen, ohne das Gesamtkonzept eines geeinten Europas aus den Augen zu verlieren.

**Präsident und 14 Stellvertreter**

Wie unser nationales Parlament hat auch das Europa-Parlament einen Präsidenten. Der Präsident und seine 14 Stellvertreter, die von fünf Quästoren beraten werden, bilden das Präsidium. Es tagt meist als erweitertes Präsidium zusammen mit den Fraktionsvorsitzenden.

Das Generalsekretariat des Europäischen Parlaments mit über 3 000 Mitarbeitern und Sitz in Luxemburg erledigt die Verwaltungsaufgaben. Es ist unterteilt in sieben Generaldirektionen.

Durch die Aufsplittung des Parlaments zwischen Straßburg (Plenum) und Brüssel (Ausschüsse) entstand der vielzitierte „Tourismus" der Abgeordneten. Sie pendeln ständig zwischen zwei Arbeitsorten hin und her, was natürlich eine Menge Kosten verursacht.

## 2.3.2 Das Parlament und seine Kompetenzen

Ursprünglich hatte das Europa-Parlament keinerlei gesetzgeberische Befugnisse. Es wirkte lediglich als beratendes Organ an der Gesetzgebung mit. Inzwischen hat das Parlament Mitwirkungsrechte bei der Gesetzgebung und ein großes Mitspracherecht in der Haushalts- und Finanzpolitik. Daneben sollen die Parlamentarier über weitere EG-Beitritte und Verträge mit Nicht-EG-Ländern mitentscheiden; außerdem sind sie Kontrollorgan für die EG-Kommission. Durch ein Mißtrauensvotum des Parlaments mit Zwei-Drittel-Mehrheit kann die Kommission als Ganzes zum Rücktritt gezwungen werden.

**Mitwirkungsrechte bei der Gesetzgebung**

### 2.3.2.1 Mitwirkung bei der Gesetzgebung

Durch eine Reihe von Neuerungen wurden die Möglichkeiten des Europäischen Parlaments, bei der Gesetzgebung mitzuwirken, drastisch verbessert: Seit dem Luxemburger Gipfel im Jahre 1985 kann der Ministerrat über einen Gesetzesvorschlag der Kommission nur entscheiden, wenn zuvor das Parlament mit einer Stellungnahme gehört wurde. Zwar muß der Rat auf die Meinung des Parlaments nicht eingehen, aber ein massiver Widerspruch der Volksvertreter kann auch nicht völlig ignoriert werden. Gesetzesvorschläge der Kommission, deren Durchführung starke finanzielle Folgen mit sich bringt, müssen vor ihrem Erlaß durch das Parlament auf ihre haushaltsrechtlichen Auswirkungen überprüft werden.

Wenn es um die Einführung des Binnenmarktes geht, müssen die Gesetzesvorlagen in zwei Lesungen das Parlament passieren. Hier besteht eine Verpflichtung zur Zusammenarbeit zwischen dem Parlament und den anderen EG-Organen.

### 2.3.2.2 Parlament und EG-Haushalt

Seit mehr als 15 Jahren hat das Europäische Parlament ein sehr weitgehendes Mitspracherecht bei der Verabschiedung des EG-Haushalts. Dies geht so weit, daß die Parlamentarier — vorausgesetzt, sie haben triftige Gründe für ihre Entscheidung — den gesamten Haushalt ablehnen können. 1980 und 1985 ist genau das passiert. Auch im vergangenen Jahr versuchte das Parlament über den Haushalt Einfluß auf Sachentscheidungen zu nehmen. Die Haushaltsberatungen sind für die Abgeordneten jedes Jahr eine Möglichkeit, ihre Kompetenzen auszuspielen und ihre Vorstellungen gegenüber Kommission und Rat durchzusetzen. Dies hat durchaus positive Auswirkungen: Es ist das Verdienst der EG-Parlamentarier, daß die Agrarausgaben, für die früher der Löwenanteil der EG-Mittel gebraucht wurde, auf zwei Drittel des Haushalts gesenkt werden konnten.

**Gesamter Haushalt kann abgelehnt werden**

### 2.3.3 Die EG-Parlamentarier

Als 1979 die EG-Europäer zum erstenmal ein gemeinsames Parlament wählten, kochte die Euphorie eher auf Sparflamme. Europa war damals noch keineswegs in aller Munde, ein geeintes Europa wurde gar mit Mißtrauen betrachtet. Viele Bürger hatten den Eindruck, daß ihre Stimme nicht sehr wichtig wäre, zumal die Parlamentarier wenig Kompetenzen hatten und die Parteien für diese Wahl nicht ihre erste Garde nominierten. Zeitweilig konnte man sich des Eindrucks nicht erwehren, nach Straßburg würden Frührentner, Störenfriede, die Stillen und die aus der zweiten Reihe entsandt.

# DAS PARLAMENT
## Sitzverteilung im Parlament

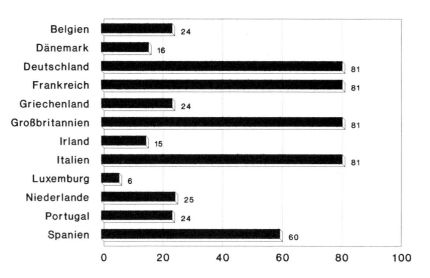

Inzwischen kann davon keine Rede mehr sein. Das Europäische Parlament ist den Kinderschuhen entwachsen und zu einem Faktor geworden, mit dem die EG rechnen muß. So drohten die Parlamentarier im März 1991 damit, die Verträge zur Politischen Union und zur Wirtschafts- und Währungsunion zu Fall zu bringen, wenn ihnen nicht mehr demokratische Rechte zugestanden würden. Auf einer Regierungskonferenz in Brüssel hatten sich die zwölf Außenminister gegen Änderungen der alten EG-Strukturen ausgesprochen. Die Parlamentarier erinnerten daraufhin an das „demokratische Defizit der Gemeinschaft", das kurz zuvor von den europäischen Regierungschefs beklagt worden war. Nur die Bundesrepublik, Italien und Belgien setzten sich nachdrücklich für eine Stärkung des Parlaments ein. Die anderen Länder fürchten einen Souveränitätsverlust ihrer nationalen Parlamente. Kritiker sehen mehr die Angst des Ministerrats vor einer Beschränkung der eigenen Kompetenzen als Hintergrund des Zwists. Die EG-Parlamentarier sind jedenfalls überzeugt, daß „die EG durch die Demokratie nicht in Gefahr gerät".

## 2.4 Der Europäische Rat als Impulsgeber

**Ständige europäische Einrichtung**

Der Europäische Rat ist keine Institution der EG im eigentlichen Sinne, sondern eine ständige europäische Einrichtung. Mit der Institutionalisierung der seit 1970 regelmäßig stattfindenden Gipfeltreffen auf höchster Ebene wurde sichergestellt, daß der Dialog und der Ideenaustausch zwischen den EG-Mitgliedstaaten nicht zum Stillstand kommen. Seit 1975 treffen sich zwei- bis dreimal im Jahr die Staats- und Regierungschefs und ihre Außenminister zum Gedankenaustausch, zur Abstimmung und Koordinierung der Meinungen und Entscheidungen.

Von diesen Treffen gehen neue Zielsetzungen und Impulse aus, beispielsweise zur Regional-, Umwelt- und Energiepolitik. Unbelastet von der Tagespolitik sowie verwaltungstechnischen und organisatorischen Problemen, können die Politiker in großzügigeren Gebäuden denken und visionäre Zukunftsmodelle entwerfen. Die Umsetzung muß dann in der täglichen Kleinarbeit erfolgen.

## 2.5 Der Wirtschafts- und Sozialausschuß (WSA)

Über den Wirtschafts- und Sozialausschuß, ein beratendes Organ, nehmen Arbeitgeber, Arbeitnehmer und andere Interessenvertreter an der Entscheidungsfindung in der EG teil. Der WSA hat derzeit 189 Mitglieder, die vom Ministerrat auf Vorschlag der Mitgliedstaaten auf vier Jahre ernannt werden. Deutschland, Frankreich, Großbritannien entsenden je 24 Vertreter; Belgien, Griechenland, die Niederlande und Portugal je 12, Dänemark und Irland nominieren je neun Mitglieder, Spanien 21 und Luxemburg sechs. Die Mitglieder kommen aus drei verschiedenen Interessengruppen: Arbeitgeber, Arbeitnehmer, und die dritte Gruppe besteht aus verschiedenen Verbänden wie Bauern, Mittelstand, Verbraucher etc. Das Ausschußbüro setzt sich zusammen aus dem auf zwei Jahre gewählten Präsidenten und seinen zwei Stellvertretern sowie je acht Vertretern der drei Gruppen. Das Büro beauftragt neun Fachgruppen mit der Erarbeitung von Stellungnahmen zu Gesetzesvorhaben der EG. Der Ministerrat ist in folgenden Bereichen verpflichtet, die Stellungnahme des WSA zu Gesetzesvorschlägen einzuholen: Landwirtschaft, Verkehr, Freizügigkeit und freier Dienstleistungsverkehr, Rechtsangleichung, Sozialpolitik inklusive Europäischer Sozialfonds, Nuklearpolitik, Forschungs-, Umwelt- und Regionalpolitik.

Von diesen Stellungnahmen gibt der WSA pro Jahr durchschnittlich 120 ab sowie etwa zehn Reports zu wichtigen Themen. Die Fachgruppen werden durch Studiengruppen unterstützt, in denen Sachverständige aus den jeweiligen Bereichen arbeiten.

**Jährlich 120 Stellungnahmen**

Die Plenartagungen des WSA finden jeden Monat in Brüssel statt. Dort werden die Ausarbeitungen der Fachgruppen diskutiert, verabschiedet und an Rat und Kommission weitergeleitet. Das Generalsekretariat des WSA in Brüssel hat 450 Mitarbeiter. Jede der drei Direktionen unterstützt drei Fachgruppen bei Organisation und Verwaltung.

Die neun Fachgruppen des WSA:

1. Wirtschafts- und Finanzfragen
2. Sozialfragen
3. Umweltschutz, Gesundheitswesen und Verbrauch
4. Industrie, Handel, Handwerk und Dienstleistungen
5. Regionale Entwicklung
6. Verkehr und Kommunikationsmittel
7. Landwirtschaft
8. Energie- und Atomfragen
9. Außenbeziehungen

## 2.6 Der Beratende Ausschuß der Europäischen Gemeinschaft für Kohle und Stahl (EGKS)

Wie der Wirtschafts- und Sozialausschuß (WSA) ist auch dieser Ausschuß ein beratendes Organ. Er nimmt im Bereich der EGKS eine ähnliche Stellung ein wie der WSA in der EWG und EAG. Der Ausschuß ist paritätisch besetzt mit je 32 Vertretern der Kohle- und Stahlproduzenten, der Händler und Verbraucher und der Arbeitnehmer. Die 96 Ausschußmitglieder werden auf zwei Jahre ernannt; der auf ein Jahr gewählte Präsident, seine zwei Stellvertreter und neun Ausschußmitglieder (drei aus jeder Interessengruppe) bilden wiederum das Ausschuß-Büro.

Vier ständige Unterausschüsse für festgelegte Bereiche und besondere Unterausschüsse für spezielle Fragen erledigen die Tagesarbeit. Das Plenum des Ausschusses trifft sich viermal jährlich. Die Stellungnahmen des Ausschusses, die er auch ohne Aufforderung der Kommission abgeben kann, werden im Amtsblatt der EG veröffentlicht.

Die Anhörung des Ausschusses durch die Kommission ist zwingend vorgeschrieben vor der Veröffentlichung allgemeiner Ziele und Programme, wenn es um Forschungs- und Technologiepolitik geht, um Wettbewerbsfragen, um die Einführung von Preis-, Quoten- und anderen marktlenkenden Systemen.

Zusammensetzung des EGKS-Ausschusses:

| Land | Mitglieder |
|---|---|
| Deutschland | 19 |
| Großbritannien | 18 |
| Frankreich | 13 |
| Italien | 9 |
| Belgien | 8 |
| Spanien | 8 |
| Luxemburg | 4 |
| Dänemark, Griechenland, Irland, Portugal | je 3 |

## 2.7 Der Europäische Rechnungshof

Der Rechnungshof ist die Haushaltskontrollinstanz der EG. Er ist zuständig für die Kontrolle des EG-Gesamthaushalts in Höhe von fast 100 Milliarden Mark.

Jedes EG-Mitgliedsland entsendet ein Mitglied des Rechnungshofs. Sie werden vom Ministerrat auf sechs Jahre ernannt und müssen für das jeweilige nationale Rechnungsprüfungsorgan qualifiziert sein. 300 weitere Beamte arbeiten für den Rechnungshof, der seinen Sitz in Luxemburg hat. Obwohl die Notwendigkeit eines Rechnungshofs bereits in den 50er Jahren erkannt worden war, sollte es fast 20 Jahre dauern, bis er tatsächlich seine Arbeit aufnahm: Der Europäische Rechnungshof traf sich erst am 25. Oktober 1977 zu seiner konstituierenden Sitzung.

**Rechnungshof prüft Einnahmen und Ausgaben**

Der Rechnungshof prüft die Ausgaben und Einnahmen aller EG-Organe. Ähnlich wie der Bundesrechnungshof beurteilt er auch die Wirtschaftlichkeit der Haushaltsführung. Seine Kontrollen kann der Europäische Rechnungshof in Zusammenarbeit mit den entsprechenden nationalen Behörden direkt in jedem Mitgliedsland der EG durchführen. Sein jährlicher Bericht geht den einzelnen Institutionen zu, die ihrerseits eine Stellungnahme dazu abgeben können. Zuletzt wird alles zusammen im Amtsblatt der EG veröffentlicht.

Eine Kontrolle der Verwendung von EG-Geldern ist dringend nötig. Nicht nur wegen etwaiger Unregelmäßigkeiten innerhalb der EG-Bürokratie, sondern auch wegen Betrügereien bei der Verwendung von EG-Mitteln durch Vorspiegelung falscher Tatsachen. Dies geschieht besonders häufig, wenn es um Subventionen geht. 1990 ist mindestens eine halbe Milliarde Mark in den Taschen von Betrügern gelandet. Experten meinen, daß die Dunkelziffer ein Vielfaches beträgt.

## 2.8 Der Europäische Gerichtshof (EuGH)

Der Europäische Gerichtshof mit Sitz in Luxemburg ist die einzige Gerichtsinstanz der Gemeinschaft. Er vereinigt in sich die Funktionen von Verfassungs-, Verwaltungs- und Zivilgericht. Laut EWG-Vertrag sichert er „die Wahrung des Rechts bei der Auslegung und Anwendung" der Gemeinschaftsverträge und der EG-Bestimmungen. Jede Institution der EG, die Mitgliedstaaten, deren Gerichte und jeder Bürger kann den Gerichtshof anrufen. Der Gerichtshof kann auch international tätig werden, wenn es zum Beispiel um Verträge zwischen der Gemeinschaft und Nicht-EG-Ländern geht.

**Das Europa-Zentrum auf dem Luxemburger Kirchberg: Hier hat auch der Europäische Gerichtshof seinen Sitz.**

Ein Großteil der vor dem EuGH verhandelten Fälle ist verwaltungs- und beamtenrechtlicher Natur. Der EuGH kann auch über Verletzungen des Wettbewerbsrechts entscheiden. So haben es deutsche Lkw-Besitzer dem EuGH zu verdanken, daß 1990 die Steuern gesenkt werden mußten. Der Gerichtshof hat auch die von der Bundesrepublik geplante Straßenverkehrsabgabe im Sommer 1990 zu Fall gebracht. Vor diesem Hintergrund sollte man auch die Möglichkeiten der Bundesrepublik sehen, ihre umweltpolitischen Vorstellungen in der EG schnell umzusetzen. Hätte die deutsche Regierung beispielsweise die Festlegung eines niedereren Schadstoffausstoßes für Pkw und Lkw im nationalen Alleingang durchsetzen wollen, hätte dies mit Sicherheit zu einer Wettbewerbsklage der anderen EG-Länder geführt.

Es gibt verschiedene Klagearten: Vertragsverletzungsverfahren, Nichtigkeitsklagen, Untätigkeitsklagen, Schadenersatzklagen gegen die EG und beamtenrechtliche Klagen. Darüber hinaus kann der EuGH von der EG und ihren Mitgliedstaaten als Schiedsgericht angerufen werden. Auch als Gutachter kann der Gerichtshof tätig werden.

**Klage beim Kanzler des EuGH einreichen**

Die Antragsschrift muß im Klagefall beim Kanzler des EuGH eingereicht werden. Der Präsident weist die Klage einer der Kammern zu, die mit drei bis fünf Richtern besetzt sind, und bestimmt aus ihrer Mitte einen sogenannten Berichterstatter. Die an dem Rechtsstreit beteiligten Parteien haben zweimal Gelegenheit, sich schriftlich zu äußern. Danach findet eine mündliche Verhandlung statt, die in der Regel in der Muttersprache des Beklagten geführt wird. Der Gerichtshof kann in neun verschiedenen Sprachen verhandeln, die interne Verkehrssprache ist Französisch.

Dem EuGH gehören 13 von den Mitgliedstaaten auf sechs Jahre ernannte Richter an, die für drei Jahre ihren Präsidenten wählen. Ebenfalls auf sechs Jahre ernannt werden die sechs Generalanwälte, die die Plädoyers zu den Verfahren halten. Der EuGH tagt in Vollsitzungen oder in Kammern, die vor allem die leichteren Fälle verhandeln. Zwei Direktionen mit über 600 Angestellten unterstützen und organisieren die Arbeit des Gerichtshofs. Trotzdem ist das Gericht, ebenso wie unsere nationalen Gerichte, permanent überlastet. Deshalb muß dringend eine Erste Instanz geschaffen werden, die das oberste Gericht dann entlasten kann.

## 2.9 Andere Institutionen der EG

Die bisher genannten Organe sind die wichtigsten der EG. Es gibt eine Anzahl weiterer Behörden, die in diesem Rahmen nicht genannt werden können. Allerdings sind ihre Entscheidungsspielräume und Verantwortungsbereiche sehr gering. Sie sind nicht oder kaum an den Entscheidungsprozessen der Gemeinschaft beteiligt, oft sehr spezialisiert in ihren Aufgaben.

### 2.9.1 Die Europäische Investitionsbank (EIB)

Die Aufgaben der EIB sind klar definiert: Sie soll als Geldinstitut — also zum Beispiel mit Hilfe der Vergabe günstiger Zinssätze bei Krediten — die „europäische Entwicklung und Integration fördern". In den Förderungsradius der EIB gehören Projekte in der Regionalentwicklung, die Modernisierung von Unternehmen und die Schaffung neuer Arbeitsplätze. Auch Maßnahmen, die der Verbesserung der Infrastruktur, dem Umweltschutz oder der Stärkung der Wettbewerbsfähigkeit der EG-Partner dienen, werden von der EIB gefördert.

Darlehensanträge können generell über den jeweiligen EG-Mitgliedstaat, in dem das Projekt geplant ist, oder die EG-Kommission oder direkt bei der EIB gestellt werden. In letzterem Fall wird die Bank bei der Kommission und dem betreffenden Mitgliedstaat eine Stellungnahme einholen. Das höchste Gremium der EIB ist der Rat der Gouverneure, in dem jedes EG-Land durch einen Minister, meist den Finanzminister, vertreten ist. Der Rat der Gouverneure bestimmt die allgemeinen Richtlinien der Kreditpolitik und ernennt die Mitglieder des 22köpfigen Verwaltungsrats, der

**Darlehensanträge**

die konkreten Fallentscheidungen bei der Vergabe von Krediten und der Festsetzung der Zinssätze trifft.

**Investitionsvorhaben**

Spätestens seit der Öffnung der Grenzen zu Ostdeutschland und der deutschen Vereinigung ist die EIB auch hierzulande ein Begriff. Schon vor der Vereinigung am 3. Oktober 1990 hat der Ministerrat der EG die EIB um Unterstützung bei Investitionsvorhaben in der ehemaligen DDR ersucht. Seitdem hat Ostdeutschland Zugang zu Geldern der Europäischen Investitionsbank zur Förderung von Investitionsvorhaben.

### 2.9.2 Das Amt für Veröffentlichungen

Dieses Amt ist zuständig für alle offiziellen Veröffentlichungen der Europäischen Gemeinschaften. Die wichtigsten Publikationen sind:

- Amtsblatt der EG
- Vertragstexte
- offizielle Dokumente der EG-Kommission, auch als KOM- Dokumente bezeichnet
- Bulletin der EG. Diese monatliche Publikation enthält Berichte über die Tagesarbeit der EG-Behörden
- Jahresberichte von Kommission, Ministerrat und des Wirtschafts- und Sozialausschusses

Die Berichte und Schriften des Amts können über Verkaufsstellen in den einzelnen Mitgliedsländern erworben werden. Der Sitz des Amtes ist in Luxemburg.

### 2.9.3 Presse- und Informationsbüros

In allen EG-Ländern und in vielen Drittstaaten gibt es die Presse- und Informationsbüros der Gemeinschaft. Die Aufgabe der Büros ist zweigeteilt. Zum einen sollen sie die Verbände, Medien und Bürger des Landes über europäische Politik, die EG, ihre Aufgaben und Aktionen informieren und eine positive Haltung zur Gemeinschaft fördern; auf der anderen Seite haben sie die Aufgabe, die EG-Kommission über Politik und Wirtschaft des jeweiligen Landes auf dem laufenden zu halten.

**Bürgerinformation**

In der Bundesrepublik gibt es gegenwärtig drei Presse- und Informationsbüros: in Berlin, Bonn und München. In Ostdeutschland ist häufig das Infomobil der EG unterwegs, das die 16 Millionen Neu-EG-Bürger über die Gemeinschaft informieren soll.

## 2.9.4 Die EG-Vertretungen

Ähnlich wie ein einzelnes Mitgliedsland unterhält die EG bzw. die Kommission in den meisten Staaten der Erde und bei den internationalen Organisationen, wie zum Beispiel der UNO, diplomatische Vertretungen; Botschaften, wenn man so will. Somit ist die EG neben den einzelnen Mitgliedstaaten auch als Ganzes repräsentiert. Die Vertretungen stellen Politik und Interessen der Gemeinschaft dar und halten die Verbindung zur Kommission. Sie organisieren Seminare, geben Informationsbroschüren heraus und halten Pressekonferenzen.

## 2.10 Die Finanzen der EG

# FINANZIERUNG DES EG-HAUSHALTES 1991
## Leistungen der Partnerstaaten

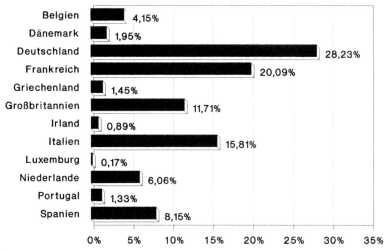

RM

Viele Bürger sind nach wie vor der Meinung, daß die EG zu viel koste, daß Deutschland, das immerhin fast 30 Prozent des EG-Haushalts finanziert, mit seinen Beiträgen die anderen Länder unterstütze und selbst nie etwas erhalte. Am stärksten kritisiert wird der Agrarhaushalt, die Finanzierung von Butterbergen und Milchseen.

Wie in jeder Gemeinschaft ist auch in der EG ein Ausgleich zwischen arm und reich nötig. In der Bundesrepublik ist das nicht anders — man denke beispielsweise an den Länderfinanzausgleich.

**Deutschland größter Zahler der EG**

Grundsätzlich stimmt: Deutschland ist bei weitem der größte Nettozahler der Europäischen Gemeinschaft, denn es ist der wirtschaftlich potenteste Partner. Das wird sich nach dem Vollzug der deutschen Einheit möglicherweise ändern. Die fünf neuen Länder werden in vielen Bereichen — beispielsweise in der Landwirtschaft, im Umweltschutz, in der Regionalförderung — EG-Beihilfen benötigen und erhalten. Schon in diesem Jahr stehen für die fünf neuen Bundesländer EG-Gelder in Höhe von 1,8 Milliarden Mark zur Verfügung. Insgesamt sind für das Gebiet der ehemaligen DDR von 1991 bis 1993 sechs Milliarden Mark an EG-Mitteln vorgesehen.

### 2.10.1 Der Haushalt der EG

Die Europäischen Gemeinschaften dürfen keine Steuern erheben. Sie finanzieren sich zum größten Teil — zu etwa 60 Prozent — durch einen Mehrwertsteueranteil von 1,4 Prozent der Bemessungsgrundlage der Mitgliedstaaten. Etwa ein Viertel des Haushalts wird durch die Zölle finanziert, die die Gemeinschaft an ihren Außengrenzen erhebt. Daneben gibt es eine Zuckerabgabe, die von der Zucker herstellenden Industrie der EG zu entrichten ist, und die Agrarabschöpfungen bei der Einfuhr landwirtschaftlicher Produkte aus Nicht-EG-Staaten. Etwa 25 Prozent der importierten Agrarerzeugnisse unterliegen dieser Abschöpfung. Sie entspricht der Differenz zwischen EG-Mindestpreis und dem niedrigen Einkaufspreis, den viele Drittländer bieten können.

1988 wurde bei der Februartagung des Europäischen Rates ein zusätzliches Finanzierungsinstrument beschlossen, das eine gerechtere Grundlage für die Verteilung der Lasten geschaffen hat. Die neue Einnahmequelle orientiert sich am Bruttosozialprodukt der Mitgliedsländer, das heißt, am tatsächlichen Wohlstand des Landes und seiner Bewohner.

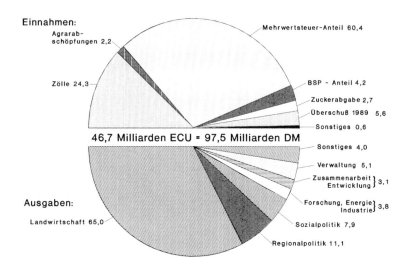

(Entwurf von Kommission und Rat)

Eine Besonderheit ist der Haushalt der Europäischen Gemeinschaft für Kohle und Stahl: Er wird durch Beiträge der Kohle- und Stahlindustrie finanziert.

Im Jahr 1990 betrug der Gesamthaushalt der EG um die 98 Milliarden Mark. Dazu hat Deutschland etwa 30 Milliarden Mark beigetragen. Etwa zwei Drittel des EG-Haushalts entfallen auf die Landwirtschaft, elf Prozent auf die Regional- und acht Prozent auf die Sozialpolitik. Nur etwa fünf Prozent werden für die Verwaltung ausgegeben.

**Haushaltsbehörde**

Das Europäische Parlament und der Ministerrat bilden zusammen die Haushaltsbehörde, die den Haushalt aufstellt. Die Grundlage für den Haushalt ist der Entwurf der EG-Kommission, in dem die Voranschläge aller Institutionen zusammengefaßt sind. Der Ministerrat stellt auf dieser Grundlage den Haushaltsplan auf. Das Parlament berät darüber in zwei Lesungen. Parlament und Ministerrat versuchen, eine Einigung über den Haushalt zu erzielen. Das Parlament hat jedoch die Möglichkeit, Teile des Haushaltsentwurfs oder den gesamten Plan abzulehnen. Das ist bereits vorgekommen. In den letzten Jahren war der Haushaltsplan zu Beginn des Haushaltsjahres meist noch nicht verabschiedet. In diesem Fall wird mit einer Notfinanzierung gearbeitet, das heißt, pro Monat darf ein Zwölftel des Vorjahreshaushalts ausgegeben werden.

## 2.10.2 Die Strukturfonds

Artikel 130a des EWG-Vertrags legt fest: „Die Gemeinschaft entwickelt und verfolgt weiterhin ihre Politik zur Stärkung ihres wirtschaftlichen und sozialen Zusammenhalts, um eine harmonische Entwicklung der Gemeinschaft als Ganzes zu fördern. Die Gemeinschaft setzt sich insbesondere zum Ziel, den Abstand zwischen den verschiedenen Regionen und den Rückstand der am stärksten benachteiligten Gebiete zu verringern." Als Instrument zur Erreichung dieses Ziels gibt es die EG-Strukturfonds. Für die Strukturfonds stehen von 1989 bis 1993 über 120 Milliarden Mark zur Verfügung.

- Die Mittel des Europäischen Fonds für regionale Entwicklung (EFRE) sollen dazu eingesetzt werden, regionale Ungleichgewichte zu mildern. Fördermittel werden vergeben, wenn das Bruttoinlandsprodukt unter 75 Prozent des EG-Durchschnitts liegt. Von den Mitteln dieses Regionalfonds fließt der Großteil nach Spanien, Italien und Portugal. Auch Großbritannien ist einer der größeren Nutznießer. Am wenigsten bekommen Dänemark und die Beneluxstaaten.

**Fördermittel**

- Die Mittel des Europäischen Sozialfonds (ESF) sollen zur Bekämpfung der Langzeitarbeitslosigkeit, zur Umschulung von Arbeitnehmern und zur Eingliederung junger Bürger unter 25 Jahren in das Berufsleben verwendet werden.

**Agrarfonds**

- Der Europäische Ausrichtungs- und Garantiefonds für die Landwirtschaft (EAGFL), der sogenannte Agrarfonds, ist der wichtigste der drei Strukturfonds. Mit den Geldern dieses Fonds sollen die Anpassung der Strukturen der Land- und Forstwirtschaft und die Entwicklung des ländlichen Raums gefördert werden. Der Agrarfonds ist das Finanzinstrument für die Durchführung der umstrittenen EG-Agrarpolitik. Im Haushalt 1990 machte er 63,4 Milliarden Mark aus — das sind zwei Drittel des Gesamthaushalts.

Der europäische Agrarmarkt folgt nicht allein den Regeln von Angebot und Nachfrage. Für rund 70 Prozent aller Agrarprodukte legen die EG-Landwirtschaftsminister auf Vorschlag der EG-Kommission sogenannte Richtpreise fest. Fällt dieser Preis bis zum Interventionspunkt, kauft die EG bestimmte Mengen der betreffenden Agrarprodukte an. Der mit dieser Preisstützung verbundene Anreiz zur Überproduktion führte zu den erwähnten Milchseen und Butterbergen. Die explosionsartig steigenden Kosten stürzten die EG-Agrarpolitik in den achtziger Jahren in eine schwere Krise. Im Februar 1988 einigten sich schließlich die Staats- und Regierungschefs der Europäischen Gemeinschaft auf Mengenbegrenzungen, Produktionseinschränkungen bei Einkommensausgleich sowie Flächenstillegungen und Vorruhestandsregelungen. Dadurch soll die Überproduktion beseitigt werden. Neben Exporthilfen werden außerdem direkte Beihilfen gezahlt, die pauschal auf die jeweilige Produktionsfläche oder auf die Produktionsmenge gezahlt werden.Das neue Agrar-Reformprogramm der

EG-Kommission, das Landwirtschaftskommisar Mac Sharry im Sommer 1991 vorstellte, scheiterte zunächst am Einspruch verschiedener EG-Partner.

## 2.11 Der Europarat

Der Europarat ist kein Organ der EG, sondern existierte bereits vorher als erste europäische Organisation nach dem Zweiten Weltkrieg. Seine Satzung wurde am 5. Mai 1949 von zehn Staaten unterzeichnet. Mittlerweile hat er 25 Mitglieder.

**Catherine Lalumière, die ehemalige französische Ministerin, fungiert jetzt als Generalsekretärin des Europarats in Straßburg.**

Der Europarat hat keinerlei gesetzgeberische Befugnisse. Er bietet seinen Mitgliedern ein Forum, auf dem sie alle Fragen von gegenseitigem und europäischem Interesse diskutieren können. Er ermöglicht es den Europäern, sich in wichtigen Fragen abzustimmen, den EG-Ländern ermöglicht er den Austausch mit Nicht-Mitgliedern. Das Ergebnis der Arbeit des Europarats sind Entschließungen, Erklärungen oder Empfehlungen an die Mitgliedstaaten. Er kann internationale Abkommen treffen, die jedoch von den nationalen Regierungen abgeschlossen und von den Parlamenten ratifiziert werden müssen. Der Sitz des Europarats ist Straßburg, Entscheidungsorgan ist das Ministerkomitee, in dem die Außenminister der Mitglieder zusammenkommen. Beratend tätig ist die Parlamentarische Versammlung des Europarats mit ihren 170 Mitgliedern, die von den nationalen Parlamenten der Mitgliedsländer gewählt oder entsandt werden.

**Generalsekretariat**

Das Generalsekretariat mit sechs Direktionen und fast 1 000 Angestellten erledigt organisatorische und verwaltungstechnische Aufgaben und bereitet die Treffen der Minister und der Parlamentarischen Versammlung vor.

**Ziele**

Die Ziele des Europarats sind die europäische Einigung, der Schutz von Demokratie und Menschenrechten, die Verbesserung der Lebensbedingungen in Europa und die Förderung menschlicher Werte. Er befaßt sich mit sozialen und kulturellen Fragen, mit dem öffentlichen Gesundheitswesen, der Umwelt und dem Denkmalschutz und der Jugend.

Auf Initiative des Europarats wurde am 4. November 1950 die Europäische Menschenrechtskonvention unterzeichnet. Zur Wahrung des Schutzes der Menschenrechte wurden die Europäische Kommission für Menschenrechte und der Europäische Gerichtshof für Menschenrechte geschaffen.

---

Mitglieder des Europarats:

Belgien, die CSFR, Dänemark, Deutschland, Finnland, Frankreich, Griechenland, Großbritannien, Irland, Island, Italien, Liechtenstein, Luxemburg, Malta, Niederlande, Norwegen, Österreich, Portugal, San Marino, Schweden, Schweiz, Spanien, Türkei, Ungarn, Zypern

# 3 Was alles geplant ist

Erscheinen die achtziger Jahre rückblickend betrachtet als eine Dekade der Stärkung der europäischen Idee, so dürfen die neunziger Jahre wohl als Zeitraum der ambitiösen Pläne bezeichnet werden. Der 1. Januar 1993 stellt dabei das erste „magische Datum" dar, über das Politiker, Manager und Medien so intensiv diskutieren. An diesem Tag tritt nämlich der gemeinsame Europäische Binnenmarkt in Kraft, das heißt die völlige Freizügigkeit für Personen, Waren, Kapital und Dienstleistungen innerhalb der EG. Deutsche haben dann zum Beispiel die Möglichkeit, sich bei britischen Unternehmen versichern zu lassen; italienische Transportfirmen befördern französische Güter; öffentliche Unternehmen in Spanien oder Portugal vergeben Telekommunikationsaufträge an deutsche High-tech-Konzerne. Diese Liste könnte beliebig verlängert werden.

Daneben soll die EG nach dem Willen ihrer Staats- und Regierungschefs im Rahmen der Politischen Union eine gemeinsame Außen- und Sicherheitspolitik erhalten und das wohl umstrittenste Vorhaben — die Wirtschafts- und Währungsunion (WWU) — verwirklichen.

**Gemeinsame Außen- und Sicherheitspolitik**

Unabhängig von der Frage einer eventuellen späteren Mitgliedschaft in der EG möchten die Staaten der Europäischen Freihandelsassoziation (EFTA) zusammen mit der Gemeinschaft den Europäischen Wirtschaftsraum (European Economic Space) aus der Taufe heben. Innerhalb dieses Wirtschaftsraumes sollen „binnenmarktähnliche Verhältnisse" herrschen. Das heißt, die erwähnten Freizügigkeiten würden auch für die EFTA-Staaten gelten, ohne daß diese der EG beitreten müßten.

## 3.1 Die Wirtschafts- und Währungsunion (WWU)

Die Gründer der Europäischen Wirtschaftsgemeinschaft gingen noch davon aus, daß die Dynamik sowie die Anpassungszwänge des gemeinsamen Marktes früher oder später zu einer Angleichung der nationalen Wirtschafts- und Währungspolitiken führen müßten. Allein es kam anders. Denn welche Politik die jeweiligen Länder betreiben, hing nicht nur von nüchternen volkswirtschaftlichen Überlegungen, sondern oftmals eben auch von den unterschiedlichen Mentalitäten ab. Deutschland, in der Geschichte dieses Jahrhunderts mehrfach von den schlimmen Folgen der Inflation heimgesucht, verfolgte stets einen strikten Stabilitätskurs. Andere Länder nahmen schon mal ein paar Prozent Inflation in Kauf, wenn es dem Wachstum zugute kam. Schließlich erlebten die Europäer zu Beginn der siebziger Jahre ein wahres Wirrwarr von Auf- und Abwertungen der EG-Währungen, das sich nach der Ölkrise 1973 weiter verschärfte. Die gemeinsamen Programme, auf die sich die EG-Mitglieder während der sechziger Jahre verständigt hatten, reichten nicht mehr aus, um der Turbulenzen Herr zu werden.

### 3.1.1 Der Werner-Plan

Auf ihrem Gipfeltreffen in Den Haag im Dezember 1969 setzten die Staats- und Regierungschefs der Gemeinschaft einen Ausschuß unter Leitung des damaligen luxemburgischen Ministerpräsidenten Pierre Werner ein, der einen Vorschlag zur stufenweisen Einführung einer Wirtschafts- und Währungsunion als weiteren Schritt zur europäischen Integration ausarbeiten sollte. Bereits im Herbst 1970 legte Werner den nach ihm benannten Plan vor, für dessen Verwirklichung der Ministerpräsident ein Instrumentarium vorschlug, dessen wichtigste Elemente sich auch in dem heute zur Debatte stehenden Delors-Plan wiederfinden. Zunächst, so Werner, müßten die EG-Staaten ihre Geld- und Kreditpolitik besser koordinieren. Dadurch sollten die Wechselkursschwankungen eingeschränkt und mithin die Voraussetzung für eine spätere Festschreibung der endgültigen Paritäten geschaffen werden. Daneben sprach sich Werner bereits damals für die Abtretung nationaler Kompetenzen an eine überstaatliche Behörde — also eine gemeinsame Zentralbank — aus. Der Werner-Plan stieß zunächst auf Zustimmung, so daß sich der EG-Ministerrat am 9. Februar 1971 auf die Verwirklichung der ersten Stufe dieses ehrgeizigen Vorhabens verständigen konnte. Was in der Theorie gut klang, erwies sich in der Praxis als nicht durchführbar. Vor allem die Übertragung nationaler Zuständigkeiten auf eine supranationale Behörde stieß auf Widerstand. Es kam hinzu, daß nach der Nahost-Krise und dem damit verbundenen Öl-Schock nach 1973 die Staaten zu sehr mit nationalem Krisenmanagement beschäftigt waren, als daß sie die Energie zu einem solchen Gewaltakt wie den Einstieg in eine Wirtschafts- und Währungsunion gefunden hätten. Die Europäer einigten sich auf eine Zusammenarbeit in der sogenannten „Währungsschlange", die nur begrenzte Schwankungen zuließ. Angesichts des dramatischen Währungsverfalls mußten jedoch immer mehr EG-Staaten die „Schlange" verlassen.

**Bessere Koordination der Geld- u. Kreditpolitik**

## 3.1.2 Das Europäische Währungssystem (EWS)

Es waren insbesondere der damalige deutsche Bundeskanzler Helmut Schmidt sowie der französische Staatspräsident Giscard d'Estaing, die nach neuen Lösungen suchten und schließlich 1979 das Europäische

Währungssystem (EWS) konstruierten, als dessen Ziel die Stabilisierung der Wechselkurse galt.

| Währung | Mittelkurs[1] | oberer Interventionspunkt | unterer Interventionspunkt | Mittelkurs[2] |
|---|---|---|---|---|
| 1 Deutsche Mark | 2,04446 | 2,09460 | 1,99846 | — |
| 1 Holländischer Gulden | 2,30358 | 2,35541 | 2,25175 | 0,88751 |
| 1 Belgischer Franc | 42,1679 | 43,1167 | 41,2191 | 0,0484838 |
| 1 Französischer Franc | 6,85684 | 7,01112 | 6,70256 | 0,298192 |
| 1 Pfund Sterling | 0,728615 | 0,772332 | 0,684900 | 2,805953 |
| 1 Spanische Peseta | 132,889 | 140,862 | 124,916 | 0,0153847 |
| 1 Italienische Lira | 1529,70 | 1564,12 | 1495,28 | 0,0013365 |
| 1 Dänische Krone | 7,79845 | 7,97392 | 7,62200 | 0,26216225 |
| ECU (Europäische Währungseinheit);[2] in DM | | | | |

**So funktioniert das Europäische Währungssystem (EWS): Die am sogenannten Interventionsmechanismus teilnehmenden Währungen dürfen vom sogenannten Leit- oder Mittelkurs nur innerhalb gewisser Bandbreiten abweichen. Diese Bandbreite wird durch die oberen bzw. unteren Interventionspunkte festgelegt. Werden diese Grenzwerte überschritten, müssen die beteiligten Notenbanken eingreifen (intervenieren) und den Kurs nach unten oder oben stabilisieren.**

Fortan durften die Währungen der EWS-Mitgliedstaaten nur noch in genau festgelegten Bandbreiten schwanken: als „Spielraum" wurden plus/minus 2,25 Prozent fixiert. Steigt also eine Währung um 2,25 Prozent über den Mittelkurs, so erreicht sie den oberen Interventionspunkt. Sinkt sie hingegen um 2,25 Prozent, so ist sie am unteren Interventionspunkt angelangt. Werden die Grenzen dieser Bandbreite erreicht, so müssen die Notenbanken intervenieren, um den Kurs zu stabilisieren, das heißt, sie müssen Währungen kaufen beziehungsweise verkaufen.

„Weiche" Währungen

Für „weichere" Währungen — zunächst für die italienische, später auch für die spanische — vereinbarten die Europäer eine Toleranzgrenze innerhalb der EWS-Bandbreite von plus/minus 6 Prozent. Im Herbst

1990 entschlossen sich die Italiener, im Zuge der Verwirklichung der Wirtschafts- und Währungsunion die Schwankungsbreite der Lira im EWS auf 2,25 Prozent zu reduzieren. Auf der anderen Seite kam Großbritannien mit einem Schwankungskorridor von plus/minus 6 Prozent hinzu, was im Extremfall zu Kursverlusten von 12 Prozent führen kann, was insbesondere von Anlegern zu beachten ist.

Natürlich reichen die vereinbarten Schwankungsbreiten nicht immer aus, um das System zu stabilisieren. Dann kommt es zu einer Neuordnung der Leitkurse (Realignment). Allein zwischen 1979 und 1989 gab es insgesamt zehn Leitkursanpassungen, was von Kritikern des EWS immer wieder ins Feld geführt wird. Andererseits ist unbestritten, daß das EWS zur Währungsstabilität innerhalb der EG beitrug und die Inflationsraten deutlich reduzierte.

### 3.1.3 Der ECU (European Currency Unit)

Die Schaffung des Europäischen Währungssystems war gleichzeitig die Geburtsstunde der European Currency Unit, kurz ECU. Diese Kunstwährung trat als EG-interne Verrechnungseinheit an die Stelle früherer Bezugsgrößen. So bedienten sich die Europäer zunächst der „RE-1-Einheit" zur Haushaltsführung, 1975 folgte dann die Europäische Rechnungseinheit (ERE) und schließlich 1979 der ECU. Diese neue „Euro-Währung" erfüllte fortan gleich zwei Funktionen: sie diente zum einen, wie erwähnt, als Rechnungseinheit für Geschäfte zwischen den Mitgliedstaaten, zum anderen als Bezugsgröße für den im vorhergehenden Abschnitt beschriebenen Wechselkursmechanismus. Die Leitkurse sämtlicher EWS-Währungen werden in ECU angegeben (siehe Tabelle auf Seite 64). Auf dieser Grundlage lassen sich dann die jeweiligen unteren und oberen Interventionspunkte berechnen.

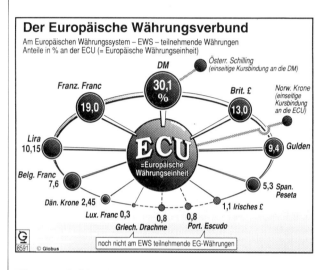

**Vorteil: Stabilität durch „Euro-Währung"**

Ein entscheidender Vorteil des ECU liegt in dessen Stabilität, die wiederum eine Folge des Korbcharakters dieser „Euro-Währung" ist. In den ECU-Korb fließen die Währungen aller EG-Staaten ein. Als Folge der Süderweiterung der Gemeinschaft kamen vor einigen Jahren die Währungen Spaniens, Portugals und Griechenlands hinzu. Das Gewicht, das den einzelnen Währungen zukommt, orientiert sich am Anteil des betreffenden Landes am Bruttosozialprodukt der Europäischen Gemeinschaft. Folglich ist die Deutsche Mark mit fast einem Drittel (30,1 Prozent) am ECU-Korb beteiligt. Es folgen der französische Franc mit 19, das Pfund Sterling mit 13, die italienische Lira mit 10,1, der niederländische Gulden mit 9,4, die spanische Peseta mit 5,3 sowie der belgische Franc mit 7,6 Prozent. „Weichwährungen" - wie der portugiesische Escudo oder die griechische Drachme — sind lediglich mit 0,8 Prozent vertreten. Die „Gewichte" der einzelnen Währungen werden alle fünf Jahre überprüft — im Fachjargon spricht man von „Korbrevisionen".

Der ECU-Kurs ergibt sich aus den festen Korbbeiträgen der einzelnen Währungen und deren jeweiligem Tageskurs. Abgesehen von geringfügigen Schwankungen liegt der Wert eines ECU bei etwa 2,05 DM.

Die unterschiedliche Gewichtung der einzelnen Währungen zeigt darüber hinaus, in welchem Maße sich Wechselkursänderungen auf den ECU auswirken. Je größer der Anteil einer Währung, desto größer natürlich ihr Einfluß auf den ECU-Kurs. Wechselkursänderungen des portugiesischen Escudo machen sich zum Beispiel kaum, Veränderungen der DM dagegen erheblich bemerkbar.

Dieses System der Kursbildung macht den ECU zu einer stabilen „Währung", was ihm ohne Frage auch steigende Aufmerksamkeit im privaten Sektor garantiert. Zunächst erschien die künstlich geschaffene Währung für die Abwicklung von Außenhandelsgeschäften interessant. Überdies besteht die Möglichkeit, ECU-Girokonten zu eröffnen, und zwar keineswegs nur in Europa; ECU-Konten gibt es immerhin auch in Hongkong. Die wichtigste Rolle im privaten Kreislauf spielt der ECU jedoch im Anlagegeschäft. So entwickelte sich das Kunstgeld weltweit zur sechstgrößten Emissionswährung bei öffentlichen Euroanleihen.

**Wichtige Rolle im Anlagegeschäft**

ECU — das Europa-Geld von morgen? EG-Kommissionspräsident Jacques Delors bescheinigt dem ECU zwar, „das nötige Potential für eine künftige gemeinsame Währung" zu besitzen, doch ist man von diesem Ziel einstweilen noch weit entfernt. So besteht zum Beispiel die Möglichkeit, ECU-Girokonten zu eröffnen. Wer seine Restaurant-Rechnung allerdings in ECU begleichen möchte, stößt auf Schwierigkeiten.

Denn ECU-Geldscheine gibt's (noch) nicht. ECU-Münzen hingegen schon. Zum 30. Jahrestag der Unterzeichnung der Römischen Verträge gab Belgien zwei Sorten von ECU-Münzen aus: Silbermünzen im Wert von 5 ECU sowie Goldmünzen, deren numerischer Wert bei 50 ECU liegt.

Sollte sich der ECU langfristig tatsächlich zur Euro-Währung weiterentwickeln, so müßte er zwangsläufig seinen Charakter als Korbwährung aufgeben. Denn wenn der ECU an die Stelle der bisherigen nationalen Währungen tritt, können diese nicht mehr in den ECU-Korb einfließen. Der ECU von morgen — er dürfte sich grundlegend von dem heutigen unterscheiden.

### 3.1.4 Der Delors-Plan

Die Einführung einer Wirtschafts- und Währungsunion gehört zu den schwierigsten und umstrittensten Vorhaben der Europäischen Gemeinschaft. Während in Großbritannien in der Vergangenheit deutliche Vorbehalte gegen diesen Plan zu vernehmen waren und die Deutsche Bundesbank in Frankfurt vor übertriebener Eile warnt, forcieren insbesondere Frankreich und Italien die Idee einer gemeinsamen europäischen Währung.

Im April 1989 legte das aus dem Präsidenten der EG-Kommission, Jacques Delors, sowie den EG-Notenbankpräsidenten bestehende Delors-Komitee einen Drei-Stufen-Plan zur Einführung der Wirtschafts- und Währungsunion vor. Dieses Konzept (Delors-Plan) sieht im einzelnen vor:

**Delors-Plan**

— Stufe 1: Weitestgehende Abstimmung der Wirtschafts- und Währungspolitiken der EG-Staaten sowie Teilnahme aller EG-Währungen am Wechselkursmechanismus des EWS. Diese sogenannte Konvergenzstufe begann am 1. Juli 1990, dem Stichtag, an dem die vollständige Liberalisierung des Kapitalverkehrs innerhalb der Gemeinschaft verwirklicht war.

— Stufe 2: Schaffung eines europäischen Zentralbanksystems („Euro-Fed"), dem die nationalen Kompetenzen in der Geldpolitik übertragen werden sollen.

— Stufe 3: Festschreibung aller Wechselkurse innerhalb des EWS und Einführung des ECU als Europawährung.

### 3.1.5 Das Für und Wider

Daß eine gemeinsame europäische Währung im Binnenmarkt zahlreiche Vorteile hätte, wird von niemandem bestritten. Auch Reisende innerhalb Europas sparten Geld, denn jeder weiß, wieviel es kostet, mehrmals Währungen umzutauschen. Trotzdem warnen viele Experten vor einer überhasteten Verwirklichung der Wirtschafts- und Währungsunion. Zu unterschiedlich nehmen sich im Augenblick noch die einzelnen Volkswirtschaften der EG-Staaten aus. Die Inflationsrate in Griechenland ist — um nur ein Beispiel zu nennen — rund siebenmal so hoch wie in Deutschland. Von einer wirtschaftspolitischen Konvergenz sind die Europäer im Augenblick noch weit entfernt. Professor Claus Köhler, ehemaliges Mitglied des Direktoriums der Deutschen Bundesbank, mahnt denn auch: „Das Entscheidende erscheint mir, daß wir parallel eine Wirtschafts- und eine Währungsunion fortentwickeln. Ich meine, es wäre ein schwerer Fehler, nur einen Teil dieser Wirtschafts- und Währungsunion zu pushen. Wenn die Wirtschaftsunion nicht mitentwickelt würde, müßten wir nach meiner Ansicht schon bald Rückschläge hinnehmen."

Diese Haltung der Deutschen stößt in anderen Staaten — vor allem in Italien — auf Kritik. In Rom ist man sich durchaus der Tatsache bewußt, daß das Land angesichts seiner schwerwiegenden Probleme in den öffentlichen Finanzen als ein „Sorgenkind" bei der Herstellung der notwendigen wirtschaftspolitischen Konvergenz gilt. Andererseits zeigte gerade die deutsch-deutsche Währungsunion des Jahres 1990, zu welch schweren Turbulenzen es kommen kann, wenn nicht vor der Einführung einer einheitlichen Währung zumindest annähernd gleiche wirtschaftliche Verhältnisse herrschen.

**„Euro-Fed"**

Weitere Kritik entzündet sich bisweilen an der Frage, wie unabhängig die Europäische Notenbank („Euro-Fed") sein wird. Gerade Deutschland besteht darauf, daß diese neu zu schaffende Institution zumindest ebenso unabhängig und stabilitätsorientiert arbeiten müsse wie die Deutsche Bundesbank in Frankfurt. Denn nur dann erscheine die „Euro-Fed" immun gegen politische Begehrlichkeiten.

Schließlich bleibt die Frage, in welcher Weise die gemeinsame Euro-Währung entstehen soll. Grundsätzlich sind drei Wege denkbar: Entweder die Europäische Zentralbank gibt ab einem bestimmten Zeitpunkt eine einheitliche europäische Währung aus — zum Beispiel den ECU. Dieser würde dann an die Stelle der bisherigen nationalen Währungen treten. Oder aber der ECU bildet eine in allen Ländern gültige Parallelwährung — zusätzlich zu den nationalen Währungen. Überdies bliebe noch der Weg, durch eine immer weiter fortschreitende Stärkung des EWS und Verwirklichung eines Höchstmaßes an wirtschafts-, währungs- und sozialpolitischer Konvergenz die gemeinsame Währung gleichsam „automatisch" entstehen zu lassen.

Wie auch immer: jener Münchner Bankier hat wohl recht, der unmittelbar nach Vorlage des Delors-Plans meinte, die Europäer näherten sich der Währungsunion lediglich in Trippelschritten . . .

## 3.2 Der Europäische Wirtschaftsraum (European Economic Space) — EWR

Am 4. Januar 1960 kamen die nicht der EG angehörenden europäischen Staaten Dänemark, Norwegen, Österreich, Portugal, Schweden, die Schweiz und Großbritannien in der „Stockholmer Konvention" überein, als Reaktion auf die Gründung der EWG eine eigene Freihandelszone ins Leben zu rufen, deren Ziel es war, neben den Zöllen auch die mengenmäßigen Handelsbeschränkungen sowie die technischen Handelshemmnisse innerhalb dieser Staatengruppe abzubauen. Diese Konvention trat am 3. Mai 1960 in Kraft — die European Free Trade Association (EFTA) entstand.

Die EFTA verstand sich als Institution zur Förderung des Handels; weitergehende politische Ziele waren von vornherein ausgeschlossen. Die meisten Mitgliedstaaten — wie etwa Schweden, die Schweiz oder Österreich — legten größten Wert auf ihre Neutralität. **EFTA**

Selbstverständlich entwickelte sich die EFTA auch zu einem wichtigen Handelspartner für die Europäische Gemeinschaft. Heute besteht zwischen EG und EFTA ein sehr engmaschiges Handelsgeflecht: Ein Viertel ihres gemeinsamen Export-Volumens liefert die Europäische Gemeinschaft in den EFTA-Raum, umgekehrt fließen über 50 Prozent der EFTA-Exporte in die Länder der EG.

Diese enge Zusammenarbeit wie auch die Tatsache, daß immer mehr EFTA-Länder der EG beitraten oder dies in Kürze tun werden (Großbritannien, Dänemark und Portugal schieden bereits früh aus der EFTA aus, Österreich und Schweden haben EG-Aufnahmeantrag gestellt) führten Anfang der achtziger Jahre zu intensiveren Überlegungen über die künftige Gestaltung der Beziehungen zwischen beiden Staatengruppen.

In einer EG/EFTA-Ministererklärung wurde 1984 in Luxemburg erstmals der Vorschlag eines gemeinsamen Europäischen Wirtschaftsraumes gemacht, wenngleich diese Erklärung noch etwas abstrakten Charakter hatte. Es fehlte die Definition, was unter diesem, EG und EFTA umfassenden Wirtschaftsraum zu verstehen war.

Je näher jedoch das Datum des Europäischen Binnenmarktes ab 1. Januar 1993 rückte, desto größer war das Interesse der EFTA-Staaten, in dieser dynamischen Entwicklung nicht abseits zu stehen. Damals, die Öffnung Mittel- und Osteuropas war ebensowenig vorhersehbar wie die deutsche Wiedervereinigung, kam für die meisten EFTA-Staaten eine EG-Mitgliedschaft aus Gründen der Neutralität nicht in Frage. Deshalb versuchten sie, eine möglichst intensive Kooperation mit der EG zu vereinbaren.

Um den Vorschlag eines Europäischen Wirtschaftsraumes endlich mit konkreteren Inhalten anzureichern, regte die norwegische Ministerpräsidentin Gro Harlem Brundtland im Sommer 1988 an, ein Treffen der EFTA-Regierungschefs zu arrangieren. Ziel war, die politischen und wirtschaftlichen Details der künftigen europäischen Integration sowie die Zusammenarbeit mit der EG zu diskutieren. Das Treffen sollte im März 1989 in Stockholm stattfinden. Wenige Wochen zuvor — am 17. Januar 1989 — machte EG-Kommissionspräsident Jacques Delors vor dem Europäischen Parlament den EFTA-Staaten richtungsweisende Vorschläge zur Stärkung der Zusammenarbeit.

Diese Kooperation könne — so Delors — wie bisher weitgehend bilateral (also mit jedem einzelnen EFTA-Staat) fortgesetzt werden. Denkbar wäre allerdings auch eine neue Form des Zusammenschlusses mit gemeinsamen Entscheidungs- und Verwaltungsorganen. Delors machte kein Hehl daraus, daß er der zweiten Möglichkeit zuneigte.

Die EFTA-Staaten sahen dies ähnlich und formulierten auf ihrem Gipfeltreffen am 14. und 15. März 1989 in Oslo eine positive Antwort auf die Delors-Initiative. Darin heißt es unter anderem:

**EFTA-Gipfeltreffen in Oslo 14./15. 3. 1989**

„Wir streben danach, daß Veränderungen zur möglichst vollständigen Verwirklichung des freien Verkehrs von Gütern, Dienstleistungen, Kapital und Personen führen, mit dem Ziel, einen dynamischen und homogenen Europäischen Wirtschaftsraum zu schaffen."

Die Absicht war klar: Es galt, innerhalb des sowohl die Staaten der EG als auch die der EFTA umfassenden Europäischen Wirtschaftsraumes die vier Freiheiten des Europäischen Binnenmarktes zu verwirklichen (also die Freizügigkeit von Personen, Waren, Dienstleistungen und Kapital). Gleichzeitig strebten EG und EFTA eine engere Zusammenarbeit im Umweltschutz sowie auf den Feldern Wissenschaft, Forschung und Bildung an. Der Europäische Wirtschaftsraum soll zum 1. Januar 1993 — somit zeitgleich mit dem Binnenmarkt — in Kraft treten. Dadurch entstünde ein wahrhaft gigantischer Markt mit fast 380 Millionen Verbrauchern.

**Engere Zusammenarbeit zwischen EG und EFTA**

Gleichwohl stieß der Europäische Wirtschaftsraum hier und da auf Vorbehalte. Manche kritisierten ihn als „Wartezimmer der EG", andere erinnerten daran, daß die EFTA-Staaten mehr oder minder das gesamte EG-Recht übernehmen müßten, ohne an dessen Formulierung mitgewirkt zu haben. „Die EFTA-Staaten haben sich (. . .) bereit erklärt, in sehr kurzer Zeit mehr als dreißig Jahre EG-Gesetzgebung zu übernehmen, ohne daß sie daran etwas verändern könnten. . ." So illustrierte EFTA-Generalsekretär Georg Reisch in einem Vortrag vor der Bonner Vertretung der EG-Kommission die Situation.

| *DIE STAATEN DER EUROPÄISCHEN FREIHANDELSZONE (EFTA)* | | |
|---|---|---|
| Einwohnerzahl | | Pro-Kopf-Einkommen |
| Österreich | 7,6 Mio. | 16632 US-$ |
| Finnland | 5,0 Mio. | 23116 US-$ |
| Island | 0,25 Mio. | 20553 US-$ |
| Norwegen | 4,2 Mio. | 22020 US-$ |
| Schweden | 8,4 Mio. | 22432 US-$ |
| Schweiz | 6,8 Mio. | 25829 US-$ |

Quelle: EFTA-Sekretariat, Stand 1989

## 3.3 Die Politische Union

In der Europäischen Gemeinschaft dominierten — wie im ersten Kapitel dargestellt — stets wirtschaftliche Erwägungen; schließlich bildete die Europäische Wirtschaftsgemeinschaft (EWG) die Keimzelle des heutigen Europa. Aber auch gegenwärtig, das zeigen die angeführten Beispiele, stehen eindeutig wirtschaftliche Projekte im Vordergrund: Binnenmarkt, Wirtschafts- und Währungsunion, Europäischer Wirtschaftsraum...

**EG ein politischer Zwerg?** Diese Tatsache brachte den Europäern den Vorwurf ein, die EG sei zwar ein wirtschaftlicher Riese, politisch hingegen ein Zwerg. Das gilt nicht zuletzt für die Außen- und Sicherheitspolitik. Zwar gibt es die Europäische Politische Zusammenarbeit (EPZ), die sich um eine gemeinsame außenpolitische Haltung der Europäer bemüht, in der Praxis indessen zeigt es sich immer wieder, daß sich die Gemeinsamkeiten eben oft in verbalen Erklärungen erschöpfen. Zuletzt offenbarte der Golfkrieg Anfang 1991 das Defizit an europäischer Übereinstimmung. In Krisenzeiten, so scheint's, verfolgt noch jeder EG-Staat seine eigenen Interessen.

Dies ist nicht weiter verwunderlich, schaut man sich die höchst unterschiedlichen Ausgangslagen an. In der Europäischen Gemeinschaft sind zum einen NATO-Mitglieder vertreten, zum anderen aber auch neutrale Staaten wie Irland. Mit dem Beitritt Österreichs kommt ein weiteres neutrales Land hinzu.

Großbritannien und Frankreich sind Atommächte und gehören als solche dem Sicherheitsrat der Vereinten Nationen als Ständige Mitglieder an. Während sich also die EG auf eine nicht unbedingt von allen geliebte Großmachtrolle vorbereitet, gelang es den Europäern bislang nicht, in den wieder an Bedeutung gewinnenden Vereinten Nationen mit einer Stimme zu sprechen ...

Mehr Zusammenhalt in der Außen- und Sicherheitspolitik, das ist denn auch ein Ziel der Politischen Union, die sich parallel zur Wirtschafts- und Währungsunion entwickeln soll. Wie so häufig in der EG-Geschichte hatte zunächst auch der Begriff „Politische Union" nur schlagwortartige Bedeutung. Als die frühere britische Premierministerin Thatcher ihre Kollegen aus Deutschland und Frankreich einmal in gespielter Naivität fragte, was diese denn nun genau unter der „Politischen Union" verstünden, gab es nur recht vage Antworten. Mittlerweile lieferten die Staats- und Regierungschefs der EG zumindest eine Definition in Form von Absichtserklärungen. Somit besteht die „Politische Union" im wesentlichen aus drei Komponenten:

- Demokratische Legitimität
- Gemeinsame Außen- und Sicherheitspolitik
- Schutz der Menschenwürde vor Rassendiskriminierung und Fremdenfeindlichkeit

Was die demokratische Legitimität angeht, so steht insbesondere die Stärkung des Europäischen Parlaments auf der Tagesordnung. Künftig sollen die Straß-

**Stärkung des Europäischen Parlaments**

burger Abgeordneten über die Zusammensetzung der EG-Kommission sowie bei der Berufung des Kommissionspräsidenten mitentscheiden. Auf ihrem Gipfeltreffen Ende 1990 sprachen sich die Staats- und Regierungschefs der Gemeinschaft ferner unter anderem für mehr Befugnisse des Parlaments bei der Haushaltskontrolle aus. Damit bleiben die Kompetenzen der Europaparlamentarier jedoch nach wie vor hinter denen ihrer nationalen Kollegen zurück.

In der Außen- und Sicherheitspolitik formulierten die Staats- und Regierungschefs zunächst einmal ihre Ziele: Die gemeinsame Außen- und Sicherheitspolitik solle darauf abzielen, den Frieden und die internationale Stabilität zu gewährleisten, freundschaftliche Beziehungen zu allen Ländern zu entwickeln, die Demokratie, die Rechtsstaatlichkeit und die Achtung der Menschenrechte zu fördern sowie die wirtschaftliche Entwicklung aller Nationen zu begünstigen.

Trotz derlei Deklarationen bleibt das Ziel der „Politischen Union" weiterhin recht nebulös. Sicher erscheint immerhin, daß die lange vergessen geglaubte Westeuropäische Union (WEU) wieder eine stärkere Rolle in der europäischen Sicherheitspolitik übernehmen dürfte.

### 3.4 Der Europäische Binnenmarkt

Der ab 1. Januar 1991 geplante Europäische Binnenmarkt zieht sich wie ein roter Faden durch dieses Buch. Deshalb möchten wir an dieser Stelle nur recht kurz auf dieses Projekt — das letztlich zur Renaissance des Europa-Gedankens beigetragen hat — eingehen und die Entwicklung des Binnenmarktes wie auch die Hoffnungen, die sich mit ihm verknüpfen, skizzieren.

Der Europäische Binnenmarkt ist als „Raum ohne Binnengrenzen, in dem der freie Verkehr von Waren,

Personen, Dienstleistung und Kapital (. . .) gewährleistet ist" definiert. So steht es jedenfalls im EWG-Vertrag (Artikel 8a).

**Warum Binnenmarkt?**

Bleibt die Frage, weshalb es überhaupt dieses Binnenmarktes noch bedurfte, schließlich war es doch das erklärte Ziel der Europäischen Wirtschaftsgemeinschaft, einen gemeinsamen Markt ohne Handelsbeschränkungen sowie eine Zollunion zu schaffen. Dieses Ziel wurde bereits 1968 erreicht. Weshalb nun der Europäische Binnenmarkt?

Die Europäer wissen es aus eigener, leidvoller Erfahrung: Noch immer gibt es Grenzen, noch immer stauen sich die Lastwagen vor und hinter den Schlagbäumen, noch immer wird kontrolliert. Der Grund hierfür ist recht einfach. Nicht nur Zölle und mengenmäßige Beschränkungen behindern die Freizügigkeit, sondern zudem steuerliche, materielle und technische Schranken. So gibt es beispielsweise innerhalb der Gemeinschaft völlig unterschiedliche Mehrwertsteuersätze. Für bestimmte Güter existieren staatliche Sonderregelungen. Die Italiener fordern für Autos etwa seitliche Blinkleuchten an den Kotflügeln, die Franzosen gelbes Scheinwerferlicht. Hinzu kommen an den innergemeinschaftlichen Grenzen zahlreiche Kontrollen aufgrund abweichender staatlicher Gesetzgebungen (zum Beispiel im Veterinärbereich oder im Verkehr). Und was die Niederlassungsfreiheit anbelangt, so gab es in den letzten Jahren immer noch genug Hindernisse, die einer echten freien Arbeitsplatzwahl innerhalb der EG entgegenstanden — man denke zum Beispiel nur an die gegenseitige Anerkennung beziehungsweise Nicht-Anerkennung von Diplomen.

### 3.4.1 Die Vorgeschichte des Binnenmarktes

Wie erwähnt, wurde der gemeinsame Binnenmarkt der „vier Freiheiten" bereits im EWG-Vertrag fixiert. Im Zeichen der europäischen Stagnation während der siebziger Jahre kamen die EG-Staaten bei der Verwirklichung dieses Vorhabens jedoch kaum voran. Der amerikanische Boom der ersten Reagan-Jahre sowie die wirtschaftliche Dynamik im Fernen Osten gemahnten die Europäer in der ersten Hälfte der achtziger Jahre schließlich daran, daß der alte Kontinent nur dann seine Wettbewerbsfähigkeit erhalten könnte, wenn es gelänge, die immer noch vorhandenen Grenzen innerhalb der EG abzubauen und einen wirklich freien Markt der 320 Millionen Verbraucher zu schaffen (nach der deutschen Wiedervereinigung und der Eingliederung der fünf neuen Bundesländer in die EG sind es gar fast 340 Millionen Konsumenten).

**Markt ohne Grenzen**

Im Juni 1985 legte die EG-Kommission den Staats- und Regierungschefs ein Weißbuch zur „Vollendung des Binnenmarktes" vor, in dem insgesamt 300 Rechtsakte ausgewiesen wurden, die notwendig waren, um einen Markt ohne Grenzen entstehen zu lassen. Die Kommission nannte zudem genaue Zeitvorstellungen für die Umsetzung dieser Rechtsakte. Bis zum Jahr 1992, so hieß es in Brüssel, könnten alle noch bestehenden innerstaatlichen Schranken beseitigt werden.

Auf diese Weise kam das Datum „1992" in die öffentliche Diskussion, obwohl diese Zeitangabe an und für sich nicht stimmte. Tatsächlich ging die Kommission lediglich davon aus, daß bis Ende 1992 alle Voraussetzungen für den Europäischen Binnenmarkt erfüllt sein müßten, so daß dieser dann zum 1. Januar 1993 in Kraft treten könnte.

Auf dem EG-Gipfeltreffen in Mailand 1985 ging dann der Auftrag an die Kommission, den geplanten Binnenmarkt fristgerecht zu verwirklichen. Um es nicht bei reinen Absichtserklärungen zu belassen — damit hatte die EG bekanntlich schon sehr schlechte Erfahrungen gesammelt —, wurde das Ziel „Binnenmarkt '93" Bestandteil der Römischen Verträge. Konkret geschah dies durch die Einheitliche Europäische Akte. Seither heißt es in Artikel 8a der EWG-Verträge: „Die Gemeinschaft trifft die erforderlichen Maßnahmen, um bis zum 31. Dezember 1992 (...) unbeschadet der sonstigen Bestimmungen dieses Vertrages den Binnenmarkt schrittweise zu verwirklichen..."

Der häufig kritisierte Brüsseler Bürokraten-Apparat arbeitete zügig; wenn es in den letzten Jahren bei den Vorbereitungen für den EG-Binnenmarkt Probleme gab, dann wegen der schleppenden nationalen Umsetzung der einheitlichen Richtlinien. In dieser Hinsicht erwiesen sich Italien und Griechenland als ausgesprochene „Sorgenkinder". Die pünktliche Verwirklichung des Binnenmarktes wird dadurch allerdings nicht gefährdet, weil sich die Bürger und Unternehmen dieser Länder nach dem 1. Januar 1993 auf die EG-Richtlinien berufen können, selbst wenn diese noch nicht in nationales Recht umgesetzt wurden.

**Sorgenkinder Italien und Griechenland**

### 3.4.2 Der Cecchini-Bericht

Um einen Überblick über die volks- und betriebswirtschaftlichen Kosten des bislang noch nicht verwirklichten Binnenmarktes zu bekommen, beauftragte die EG-Kommission eine Expertengruppe unter Leitung des Italieners Paolo Cecchini mit der Ausarbeitung einer entsprechenden Untersuchung. Das Ergebnis überraschte: Die durch Grenzkontrollen, damit verbundene lange Wartezeiten, hohen Verwaltungsaufwand, Bürokratie und Zerstückelung des EG-Absatzraumes entstehenden Kosten beziffert der Cecchini-Bericht auf 200 bis 250 Milliarden ECU (etwa 400 bis 500 Milliarden DM). Dies entspricht etwa fünf bis sechs Prozent des gesamten EG-Bruttosozialproduktes.

Die Cecchini-Gruppe kam überdies zu der Erkenntnis, daß gerade der Mittelstand — also Unternehmen mit weniger als 250 Beschäftigten — am stärksten von den noch bestehenden Barrieren betroffen ist. Die durch Grenzformalitäten verursachten Kosten liegen nach einer Umfrage der Cecchini-Gruppe bei mittelständischen Betrieben um 30 bis 40 Prozent über denen der Großunternehmen.

Die mit der Verwirklichung des Gemeinsamen Binnenmarktes verbundenen Wachstumserwartungen gründen sich nicht zuletzt auf die von Cecchini aufgezeigten Chancen eines grenzenlosen Europas:
- Geschätzte Steigerung des Bruttoinlandsproduktes um 4,5 Prozent
- Dämpfung der Inflationskräfte
- Entlastung der öffentlichen Haushalte um bis zu 2,2 Prozent des Bruttoinlandsproduktes
- Verbesserung der außenwirtschaftlichen Position der EG
- Schaffung von 1,8 Millionen neuen Arbeitsplätzen.

**1,8 Millionen neue Arbeitsplätze**

Cecchini resümiert: „Wer heute die Herausforderungen des Binnenmarktes nicht annimmt, wird morgen die Zeche für die verpaßten Chancen zahlen müssen."

Die Kritik am Cecchini-Bericht bezieht sich auf die Tatsache, daß die von ihm geleitete Arbeitsgruppe lediglich ein Idealbild unter Zugrundelegung der günstigsten Faktoren gezeichnet habe. So seien etwa ungünstige weltwirtschaftliche Einflüsse nicht berücksichtigt worden. Insofern relativierten sich die Prognosen Cecchinis.

# 4 Was Europa den Bürgern bringt

Mit nüchternen Prozentzahlen läßt sich vielleicht überzeugen, keineswegs aber Begeisterung entfachen. In den siebziger und achtziger Jahren, als der Europa-Gedanke in der EG-Bevölkerung alles andere als attraktiv erschien, was sich nicht zuletzt in der niedrigen Beteiligung an den Wahlen zum Europäischen Parlament widerspiegelte, versuchten Politiker, das schlechte Image der Gemeinschaft — geprägt von angeblicher oder tatsächlicher Steuergeldverschwendung, überflüssiger Bürokratie und skandalösen Zuständen in der Landwirtschaft — mit dem Hinweis auf die Bedeutung der EG gerade für die deutsche Wirtschaft aufzubessern. Natürlich trifft zu, daß die deutschen Ausfuhren in die Staaten der EG zwischen 1958 und 1986 um das Zweiundvierzigfache gestiegen sind; tatsächlich geht fast die Hälfte des deutschen Exports in die Gemeinschaft. Folglich ist die EG ein Garant für Wachstum und Wohlstand. Für den Bürger aber änderte sich zunächst wenig. Er mußte lästige Grenzkontrollen hinnehmen, durfte aus seinem Ferienland nur eine genau festgelegte Menge an Wein oder Spirituosen einführen, und er ärgerte sich über manche scheinbar sinnlose Entscheidung der „Eurokraten". Der Luxemburger Richterspruch in Sachen „Reinheitsgebot für Bier" sei hier nur als ein Beispiel angeführt.

Da aber ein wirtschaftlich und politisch starkes Europa nur auf der Akzeptanz seiner Bürger aufgebaut werden kann, entwickelte sich bald eine Parallelität zwischen dem Prozeß zur Vorbereitung des Binnenmarktes und der Schaffung des „Europas der Bürger". Bundeskanzler Kohl forderte Anfang 1988 denn auch, die Europäische Gemeinschaft müsse sichtbare

**Europa der Bürger**

**Lange Lkw-Kolonnen vor den Grenzen. Bilder wie diese sollen nach Verwirklichung des EG-Binnenmarktes endlich der Vergangenheit angehören.**

Fortschritte für ihre Bürger erzielen. Europa müsse für sie als Schicksalsgemeinschaft begreifbar und im täglichen Leben bewußt werden.

## 4.1 Das „Schengener Abkommen"

Eine sehr populäre Maßnahme, um Europa wirklich „erlebbar" zu machen, bestand für die reisefreudigen Bürger des alten Kontinents insbesondere in der Abschaffung der Grenzformalitäten. Für die Politiker endlich Gelegenheit, das angekratzte Image der EG wieder aufzupolieren. Eine Chance hierzu bot sich am 14. Juni 1985, als sich Regierungsvertreter der Benelux-Staaten, Frankreichs und der Bundesrepublik Deutschland in dem luxemburgischen Moselstädtchen Schengen trafen und dort die Abschaffung sämtlicher Grenzkontrollen zwischen ihren Staaten bis zum 1. Januar 1990 vereinbarten.

Für Belgien, die Niederlande und Luxemburg stellte dieses Vorhaben im Grunde nichts Neues dar. Immerhin vereinbarten diese Staaten schon 1960 innerhalb der Benelux-Union den freien Verkehr von Personen, Waren, Kapital und Dienstleistungen. Für die Bundesrepublik Deutschland und Frankreich indessen bedeutete das „Schengener Abkommen" ohne Frage einen Schritt nach vorn.

**Benelux-Staaten**

Und zunächst schien es auch, als ließe sich dieses Vorhaben problemlos umsetzen. So bereiteten die in Schengen vereinbarten kurzfristigen Maßnahmen, die im wesentlichen auf eine Beschleunigung der Grenzkontrollen durch die Beschränkung auf Stichproben hinausliefen, kaum Schwierigkeiten. Als es dann aber darum ging, die völlige Abschaffung von Kontrollen durchzusetzen, zeigte sich alsbald, daß der Teufel im Detail steckte. Sicherheitsexperten warnten vor einem „Binnenmarkt der Verbrecher", die sich künftig in den fünf „Schengen-Staaten" bewegen könnten, ohne das zumindest psychologisch wirkende Risiko von Grenzkontrollen hinnehmen zu müssen. Rechtsradikale zogen mit der Warnung vor einem „Europa der Dealer" in den Wahlkampf; die Vorstellung, deutsche Polizisten müßten bei der Verfolgung von Terroristen zum Beispiel an der deutsch-französischen Grenze umkehren, während die Verbrecher ohne Kontrolle von einem Staat in den anderen fahren, erschreckte besorgte Gemüter. Und nicht nur die. Immerhin sprachen sich im August 1988 Polizei-Vertreter aus ganz Europa in London gegen die „grenzenlosen Pläne"

**Warnung vor Gefahren des grenzenlosen Europas**

83

der Schengen-Staaten aus. Allerdings gingen auch in den Reihen der Sicherheitsexperten die Meinungen weit auseinander. Jedenfalls wurde das negative Votum gegen den „Geist von Schengen" mit gerade einer Stimme Mehrheit (!) verabschiedet.

Je näher der ursprünglich geplante Termin — eben der 1. Januar 1990 — rückte, desto mehr Probleme tauchten auf. So stieß zum Beispiel das „Schengener Informationssystem" — eine grenzüberschreitende Computerfahndung mit Sitz in Straßburg — zunächst auf Bedenken wegen der unterschiedlichen Datenschutzbestimmungen in den einzelnen Staaten. Auch die Frage der „polizeilichen Nachteile", also die Verfolgung von Straftätern über Grenzen hinweg, diskutierten die Schengen-Staaten nicht völlig frei von nationalen Eitelkeiten. In manchen Hauptstädten verfolgte man zudem mit Argwohn die vergleichsweise liberale Asylpolitik der Bundesrepublik. Hinzu kam schließlich die problematische Behandlung der Bürger aus der damaligen DDR. Als das SED-Regime in Ost-Berlin im Herbst 1989 kollabierte und immer mehr DDR-Bürger zunächst über Ungarn und die Tschechoslowakei, später dann direkt in die Bundesrepublik strömten, galt die DDR für die Benelux-Staaten sowie Frankreich noch als Drittland, das vom Geltungsbereich des Schengener Abkommens ausgeschlossen war.

**Liberale Asylpolitik in Deutschland**

Just als sich in Europa die Grenzen zwischen West und Ost öffneten, mußten die Schengen-Staaten kleinlaut einräumen, daß der 1. Januar 1990 als Termin für die Freizügigkeit nicht zu halten sei. Zu viele Sicherheitsdefizite — vermeintliche oder tatsächliche — hatten sich aufgetan.

## 4.1.1 Schengen — II. Akt

Fast auf den Tag genau fünf Jahre nach Unterzeichnung des Schengener Abkommens trafen sich erneut Vertreter der fünf beteiligten Staaten in dem Luxemburger Städtchen im Dreiländereck zwischen Frankreich und Deutschland, um „das Übereinkommen zur Durchführung des Übereinkommens von Schengen vom 14. Juni 1985" zu unterzeichnen, wie es in schönstem Amtsdeutsch hieß. Im Klartext: endlich einigten sich die Regierungen auf die Lösung der noch ungeklärten Probleme, so daß der Umsetzung der Beschlüsse ab 1992 nichts mehr im Wege stand.

Im einzelnen sieht „Schengen II" vor, daß Polizeibeamte eine auf frischer Tat ertappte, flüchtende Person auch über die Grenzen in ein anderes am Schengener Abkommen beteiligtes Land verfolgen dürfen, ohne zuvor die Genehmigung von dessen Behörden eingeholt zu haben. Dies gilt allerdings nur für gravierende Straftaten wie Mord, Totschlag, Vergewaltigung, vorsätzliche Brandstiftung, schweren Diebstahl, Erpressung, Geiselnahme, Menschenhandel, Rauschgifthandel, Umweltkriminalität sowie schwere Fälle von Unfallflucht.

Was den Schutz personenbezogener Daten im Zusammenhang mit dem Aufbau des computergestützten „Schengener Informationssystems" angeht, so einigten sich die fünf Staaten darauf, bis zum Inkrafttreten des Abkommens einen Datenschutzstandard einzuführen, „der zumindest dem entspricht, der sich aus der Verwirklichung der Grundsätze des Übereinkommens des Europarates über den Schutz des Menschen bei der automatischen Verarbeitung personenbezogener Daten vom 28. Januar 1981 ergibt" (Artikel 126, Abs. 1 des Schengener Zusatzabkommens vom 19. Juni 1990).

*„Schengener Informationssystem"*

Das Problem der Behandlung von Bürgern der ehemaligen DDR löste sich mit der Wiedervereinigung vom 3. Oktober 1990 gleichsam von selbst — die fünf neuen Bundesländer zählten ab diesem Zeitpunkt voll zum Schengener Vertragsgebiet. Hinsichtlich der Zuständigkeit bei Asylverfahren bleibt das jeweilige nationale Recht gültig. Die Bearbeitung eines Asylantrags liegt nur bei einem Land. Konkret bedeutet dies: Erhält ein sogenannter „Drittländer", sagen wir ein Pakistani, ein deutsches Visum oder eine deutsche Aufenthaltserlaubnis, so ist Deutschland auch für das Asylverfahren zuständig. Erhielt der Asylsuchende mehrere Visa oder Aufenthaltserlaubnisse, so ist jener Schengen-Staat für das Asylverfahren zuständig, dessen Visum oder Aufenthaltserlaubnis zuletzt erlischt . . .

Derlei schwierige rechtliche Details wie auch die Tatsache, daß die Verwirklichung des grenzenlosen Europas erst mit zweijähriger Verspätung kam, taten der Popularität der Schengener Übereinkunft keinen Abbruch. Im Gegenteil: Kaum war das Zusatzabkommen unter Dach und Fach, trat Italien dieser Vereinbarung bei; Spanien und Portugal folgen.

## 4.2  Was Europa den Verbrauchern bringt

**Verwässerter Verbraucherschutz?**

In den vergangenen Jahren konnte auf den ersten Blick der Eindruck entstehen, als greife Brüssel im Interesse der Vereinheitlichung und Harmonisierung in bewährte lebensmittelrechtliche Bestimmungen der Einzelstaaten ein. Ob's nun um deutsches Bier, französischen Johannisbeerlikör (Cassis) oder um italienische Nudeln ging, überall mischten sich die Eurokraten ein. Verwässert die Europäische Gemeinschaft also den Verbraucherschutz?

Keineswegs, eher schon trifft das Gegenteil zu. Die hitzige Debatte über das Reinheitsgebot des deutschen Bieres, die nicht nur in Bayern viele Emotionen gegen „die in Brüssel" freisetzte, all die Befürchtungen, nun müßten die Freunde des Gerstensaftes mit schäumender Chemie-Brühe vorlieb nehmen, offenbarten letztlich nur eines: den meisten Verbrauchern war gar nicht so recht klar, um was es eigentlich ging. Schon die „Geographie" stimmte nicht. Es war nämlich weder der Ministerrat noch die Kommission in Brüssel, sondern der Europäische Gerichtshof in Luxemburg, der in Sachen „Bier" das letzte Wort hatte. Auch ging es nicht darum, das deutsche Reinheitsgebot abzuschaffen, vielmehr wollten die europäischen Richter ein Handelshemmnis beseitigen, für das in einem wirklich funktionierenden gemeinsamen Markt kein Platz mehr war. Bis zu dem Luxemburger Richterspruch war es bekanntlich verboten, nicht nach dem deutschen Reinheitsgebot gebrautes Bier in der Bundesrepublik zu verkaufen. Viele der belgischen Bierspezialitäten konnte man als Deutscher nur jenseits der Grenzen genießen. Nach der Luxemburger Entscheidung dürfen nun auch nicht nach dem Reinheitsgebot hergestellte Biere in Deutschland verkauft werden, sofern die Brauerei alle Ingredienzien ihres Produktes auf dem Etikett aufführt. Im übrigen erinnerte die ganze Aufregung quasi an einen Sturm im Bierglas. Denn die letzten Jahre zeigten, daß der deutsche Verbraucher nach wie vor sein reinheitsgeschütztes Produkt vorzieht. Der Markt ist eben ein strengerer Schiedsrichter als eine bürokratische Handelsbarriere.

**Reinheitsgebot für deutsches Bier**

Da die Verbraucher einen sehr wichtigen — vielleicht sogar den wichtigsten — Teil einer Volkswirtschaft darstellen, nahm sich die Gemeinschaft schon sehr früh der Verbraucherpolitik an. Deren Prioritäten lagen auf dem

- Verbraucherschutz und der
- Verbraucherinformation.

Abgeleitet wurde die Verpflichtung zu einer gemeinsamen Verbraucherpolitik von Artikel 2 des EWG-Vertrags vom 25. März 1957. Darin heißt es:

„Aufgabe der Gemeinschaft ist es, durch die Errichtung eines Gemeinsamen Marktes und die schrittweise Annäherung der Wirtschaftspolitik der Mitgliedstaaten eine harmonische Entwicklung des Wirtschaftslebens innerhalb der Gemeinschaft, eine beständige und ausgewogene Wirtschaftsausweitung, eine größere Stabilität, eine beschleunigte Hebung der Lebenshaltung und engere Beziehungen zwischen den Staaten zu fördern, die in dieser Gemeinschaft zusammengeschlossen sind."

**Verbraucherschutz Voraussetzung für harmonisches Wirtschaftsleben**

Eine harmonische Entwicklung des Wirtschaftslebens setzt natürlich auch einen vergleichbaren Verbraucherschutz innerhalb der Gemeinschaft voraus. Bereits im April 1975 verabschiedete der EG-Ministerrat ein Programm zum Schutz und zur Unterrichtung der Konsumenten. Darin ging es vor allem um den Gesundheitsschutz der Verbraucher sowie um deren wirtschaftliche Interessen. Hierzu waren Rechtsangleichungen im Lebensmittel-, Arzneimittel- sowie im Sicherheitsrecht erforderlich. Diese Initiative wurde 1981 durch ein zweites Aktionsprogramm komplettiert. Mit Blick auf den Europäischen Binnenmarkt folgte schließlich im Juni 1986 eine Mitteilung der Kommission unter dem etwas umständlichen Titel „Neuer Impuls für die Politik zum Schutz der Verbraucher". Darin fordert die Kommission, die in der Gemeinschaft verkauften Produkte müßten allesamt annehmbaren Sicherheits- und Gesundheitsnormen entsprechen. Zweitens müßten die Verbraucher in der Lage sein, die Vorteile des Binnenmarktes zu nutzen, weshalb — drittens — die Verbraucherinteressen bei anderen Gemeinschaftspolitiken stärker berücksichtigt werden sollten.

**Vorteile des Binnenmarktes nutzen**

Tatsächlich war die EG bereits im Vorfeld des Binnenmarktes nicht untätig. So wurden in den letzten Jahren unter anderem die Rechtsvorschriften für Verbraucherkredite und Haustürgeschäfte durch Rechtsangleichungen harmonisiert. Eine weitere wichtige Errungenschaft des europäischen Verbraucherschutzes ist ohne Frage die seit dem 1. Januar 1990 gültige EG-Richtlinie zur Produkthaftung. Für den Konsumenten brachte diese Neuerung einen entscheidenden Vorteil mit sich: ab sofort lag die Beweislast nicht mehr bei dem geschädigten Verbraucher; früher mußte der Geschädigte dem Hersteller ein Verschulden nachweisen. Doch betreffen die gesetzlichen Regelungen zur Produkthaftung nicht allein den Hersteller, sondern überdies Zulieferer, Händler, EG-Importeure und Lieferanten, sofern diese den Hersteller nicht benennen.

**Produkthaftung**

Ein einheitlicher europäischer Verbraucherschutz ist im Binnenmarkt ab 1. Januar 1993 um so wichtiger, als sich die Angebotsseite erheblich ausweiten dürfte. Dabei geht es dann längst nicht mehr um europäische Lebensmittelspezialitäten in den Regalen des Supermarktes, die dort schon heute in Hülle und Fülle zu finden sind, vielmehr hat der Verbraucher ab 1993 auch die Möglichkeit, sich an auswärtige Dienstleister zu wenden. Der deutsche Konsument kann etwa sein Leben in Großbritannien und sein Fahrzeug in den Niederlanden versichern lassen, während er zum Beispiel eine belgische Bank mit der Wahrnehmung seiner Geldgeschäfte beauftragt. Selbst seinen Bausparvertrag muß er nicht unbedingt bei einem deutschen Unternehmen abschließen. Man sieht: den Dienstleistungserbringern entsteht nach 1993 erhebliche Konkurrenz. Und das kann für den Verbraucher nur von Vorteil sein.

Das Angebot wird also breiter. Wird es aber auch billiger? Diese Frage bleibt umstritten. Einerseits ermöglicht der Binnenmarkt eine größere Serienproduktion,

**Werden Angebote billiger?**

was die Stückkosten und damit den Endpreis etwas reduzieren dürfte (allgemein geht man von etwa fünf Prozent aus). Gleichzeitig müssen in einem gemeinsamen Binnenmarkt aber die Steuern harmonisiert werden (siehe Kapitel 5), ansonsten würden zum Beispiel Griechen, Italiener oder Belgier ihre Autos in Ländern wie Deutschland oder Luxemburg kaufen, wo die Mehrwertsteuer im Augenblick deutlich unter der des jeweiligen Heimatlandes liegt.

**Erhöhung der Mehrwertsteuer in Deutschland**

Einige Länder werden — zur Freude der Verbraucher — ihre Mehrwertsteuersätze reduzieren müssen. In Deutschland aber, das eher am unteren Ende der Mehrwertsteuerskala rangiert, ist eine baldige Erhöhung schon beschlossene Sache, auch wenn der Bund der Steuerzahler heftig dagegen opponiert. Schließlich werden die einheitlichen Verbrauchsteuern auf Spirituosen, Bier, Mineralöl, Tabak und Wein manche Waren in Deutschland verteuern, andere verbilligen.

Doch wie gesagt: der Markt ist das beste Regulativ. Der innerhalb des Binnenmarktes steigende Wettbewerbsdruck kommt den Verbrauchern allemal zugute — sowohl was die Auswahl, als auch was den Preis angeht.

## 4.3 Karriere im Binnenmarkt

Die mit der Verwirklichung des Binnenmarktes einhergehenden glänzenden wirtschaftlichen Zukunftserwartungen bieten selbstverständlich auch für Arbeitnehmer neue berufliche Chancen. Zum einen dürften die von dem großen europäischen Markt ausgehenden Wachstumsimpulse neue Arbeitsplätze in den einzelnen EG-Staaten schaffen, zum anderen bieten sich auch in den Nachbarländern Beschäftigungsmöglichkeiten. Kurzum: der europäische Arbeitsmarkt von morgen reicht von Kopenhagen bis Palermo, von Du-

**Europäischer Arbeitsmarkt**

blin bis Frankfurt an der Oder. Doch was für Unternehmen gilt, trifft gleichermaßen auf die Arbeitnehmer zu: der (Arbeits-)Markt wird nach 1993 größer, dafür steigt aber der Wettbewerbsdruck. Eine gute Ausbildung, Fremdsprachenkenntnisse, Einfühlungsvermögen in die unterschiedlichen Mentalitäten und Engagement zählen zu den unabdingbaren Voraussetzungen für eine solide „Euro-Karriere".

### 4.3.1 Freizügigkeit und Niederlassungsfreiheit

Schon die Gründer Europas hielten die Freizügigkeit für Arbeitnehmer für eines der wichtigsten Ziele der Gemeinschaft. In Artikel 48 des EWG-Vertrages sprachen sie sich für „die Abschaffung jeder auf der Staatsangehörigkeit beruhenden unterschiedlichen Behandlung der Arbeitnehmer der Mitgliedstaaten in bezug auf Beschäftigung, Entlohnung und sonstige Arbeitsbedingungen" aus.

Die so beschriebene Freizügigkeit wurde zwar bereits 1968 umgesetzt (die Niederlassungsfreiheit für Selbständige oder Freie Berufe folgte zwei Jahre später), doch sollte sich schon bald zeigen, daß zwischen hehren Versprechungen und der Realität ein Lücke der Bürokratie und der nationalen Eitelkeiten klaffte. Vor allem die gegenseitige Anerkennung von Ausbildungsabschlüssen und Hochschuldiplomen bereitete erhebliche Schwierigkeiten und reduzierte den Wert der von den Europäern der ersten Stunde so feierlich proklamierten Freizügigkeit. Was sollte also zum Beispiel einen deutschen Bilanzbuchhalter nach Italien ziehen, wenn seine Ausbildung dort nicht anerkannt wird und er deshalb keinen adäquaten Job findet ... ?

**Niederlassungsfreiheit für Selbständige**

Kommt hinzu, daß die Kompetenzen der EG-Behörden in der Bildungspolitik außerordentlich beschränkt

**Anerkennung von Ausbildungsabschlüssen**

sind. So hob der Europäische Gerichtshof 1985 noch einmal ausdrücklich hervor, die Bildungspolitik liege laut EWG-Vertrag nicht im Zuständigkeitsbereich der Gemeinschaftsorgane. Um den EG-Bürgern den Zugang zu den nationalen Bildungseinrichtungen — in erster Linie berufsbildende Schulen und Universitäten — zu gewährleisten und die wechselseitige Anerkennung von Ausbildungs- und Studienabschlüssen zu fördern, verabschiedete die Kommission schließlich eine „Mittelfristige Perspektive 1989—1992".

Was die Vergleichbarkeit und rechtliche Gleichwertigkeit von Berufsabschlüssen angeht, so bleiben jedoch die Bildungsbehörden der jeweiligen Staaten gefordert, in Verhandlungen untereinander entsprechende Lösungen herbeizuführen. Sehr erfolgreich waren sie dabei jedoch nicht. Trotz langwieriger Verhandlungen konnten sich Deutsche und Franzosen bis Anfang 1990 gerade auf die Vergleichbarkeit von 19 der insgesamt 380 deutschen Ausbildungsberufe verständigen. Darüber hinaus gibt es für eine Reihe von Berufen spezielle Bestimmungen, die sowohl den Berufsabschluß als auch die Niederlassung in den Staaten der Gemeinschaft regeln. Dazu gehören Ärzte, Krankenschwestern, Pfleger, Tierärzte, Hebammen, Architekten und Apotheker.

Am 1. Januar 1991 trat zudem die Hochschulrichtlinie der Gemeinschaft in Kraft. Danach verpflichten sich die Staaten der Gemeinschaft, die in den jeweils anderen EG-Ländern erworbenen Hochschuldiplome anzuerkennen, sofern diesen ein mindestens dreijähriges Hochschulstudium voranging. Allerdings können die EG-Staaten unter bestimmten Voraussetzungen weiterhin auf zusätzliche Eignungstests und Anpassungslehrgänge bestehen.

## 4.3.2 Programme der Gemeinschaft

Nicht zuletzt vor dem Hintergrund des näherrückenden Binnenmarktes stockte die Gemeinschaft in den letzten Jahren ihre Mittel für Bildung, Ausbildung und Jugendpolitik beträchtlich auf. Dieser Posten machte 1990 immerhin schon über 300 Millionen DM aus. Diese Mittel fließen vornehmlich in Bildungsprogramme, von denen wir nachfolgend einige vorstellen.

ERASMUS (European Community Action Scheme for the Mobility of University Students): Dieses Programm soll die Mobilität von Studenten und Dozenten, mithin also die Kooperation von Lehreinrichtungen fördern. 1989/90 gewährte ERASMUS zu diesem Zweck insgesamt 28000 Stipendien für Studenten, die zwischen drei bis zwölf Monaten in einem anderen EG-Staat studieren möchten. 1991 lief das Programm ERASMUS II an.

**ERASMUS**

COMETT (Community Action Programme in Education and Training for Technologies): Ziel dieses Aktionsprogramms ist eine auf enger Zusammenarbeit zwischen Wirtschaft und Hochschule beruhende Höherqualifizierung von angehenden Ingenieuren. Gefördert werden in erster Linie Ausbildungspartnerschaften zwischen Hochschulen und der Wirtschaft sowie Praktika von Studenten in Unternehmen anderer EG-Staaten.

**COMETT**

LINGUA: Hierbei geht es, wie der Name schon vermuten läßt, um eine Verbesserung des Fremdsprachenunterrichts in der EG. Gefördert wird unter anderem die Aus- und Weiterbildung von Lehrern sowie Austauschprogramme für Schüler zur sprachlichen Weiterbildung. Dafür gibt die EG allein zwischen 1990 und 1994 rund 250 Millionen ECU (fast eine halbe Milliarde DM) aus.

**LINGUA**

**PETRA**

PETRA: Dieses Programm fördert Berufsausbildungsmaßnahmen für Jugendliche in einem anderen EG-Land. Voraussetzung ist die Absolvierung der vollen Pflichtschulzeit.

**TEMPUS**

TEMPUS (Trans-European Mobility Scheme for University Studies): Nach der Öffnung Osteuropas entstand dieses Austauschprojekt für Stipendiaten aus Osteuropa. Im Grunde handelt es sich dabei um eine Ergänzung des ERASMUS-Programms. Ebenso wie dieses soll nämlich auch TEMPUS Studenten die Möglichkeit geben, für maximal zwei Semester im Ausland zu studieren. Von TEMPUS profitieren hiervon jedoch ausschließlich osteuropäische Studenten, insbesondere aus der CSFR, Ungarn, Polen, Bulgarien und Jugoslawien.

---

WICHTIGE ADRESSEN FÜR DIE
„EURO-KARRIERE"

Arbeitsplatzsuche in anderen EG-Staaten:
Zentralstelle für Arbeitsvermittlung
Feuerbachstraße 42-46, 6000 Frankfurt 1, Tel: 069/71111
Anerkennung von Diplomen:
Informationszentrum für die akademische Anerkennung in den EG-Staaten, Nassestraße 8, 5300 Bonn
Aktionsprogramm ERASMUS:
Erasmus-Arbeitsstelle, DAAD, Postfach 200804, 5300 Bonn 2, Tel: 0228/882277
Aktionsprogramm COMETT:
DAAD, Kennedyallee 50, 5300 Bonn 2, Tel: 0228/882257
Aktionsprogramm PETRA:
EG-Kommission, Programm Petra, Rue de la Loi 200, B-1049 Brüssel
Austauschprojekt TEMPUS:
Tempus Office, Rue de Reves 45, B-1040 Brüssel

## 4.4 Die europäische Sozialpolitik

Seit der Binnenmarkt die strategischen Planungen der Unternehmen beschäftigt und — wieder einmal — fast ausschließlich die ökonomische Seite der EG-Integration betont wird, wächst nicht nur in Gewerkschaftskreisen die Kritik am angeblichen „Binnenmarkt der Großkonzerne". Das mag überzogen sein, zumal besagte Großunternehmen seit Jahren grenzüberschreitend denken und handeln und der Binnenmarkt ja gerade auch den kleinen und mittelständischen Betrieben Chancen eröffnen soll, gleichwohl lassen sich derlei Befürchtungen einfach erklären. Die EG, das wird mittlerweile von niemandem mehr bestritten, hat zumindest bis Mitte der achtziger Jahre die Sozialpolitik vernachlässigt. „Obwohl bereits im EWG-Vertrag verankert, wurde die soziale Komponente der EG in der Aufbauphase verschüttet", meint etwa die Kölner Anwältin Susanne Tiemann, die seit Jahren die Interessen der Freien Berufe im Wirtschafts- und Sozialausschuß der Gemeinschaft vertritt. Erst bei ihrem Gipfeltreffen in Hannover betonten die Staats- und Regierungschefs der Gemeinschaft auf Betreiben der Bundesregierung die Notwendigkeit einer „sozialen Flankierung des Binnenmarktes".

„Soziale Flankierung des Binnenmarktes"

Das aber ist einfacher gefordert als in die Tat umgesetzt. Denn die sozialen Voraussetzungen nehmen sich in den einzelnen EG-Staaten höchst unterschiedlich aus. Ein deutscher Arbeiter verdient zum Beispiel rund sechsmal mehr pro Stunde als ein Portugiese. Ein anderes Beispiel: während es in Großbritannien keine gesetzlich verankerte Mitbestimmung gibt, gehört diese in Deutschland oder in den Niederlanden zu den sozialen Selbstverständlichkeiten. Jeder Versuch, auf diesen Sektoren eine Angleichung herbeizuführen, müßte zu einem höchst ambivalenten Ergebnis führen. Würden sich etwa Arbeitgeber und Gewerkschaf-

**Gefahr des „Social dumping"**

ten europaweit auf ein bestimmtes Lohnniveau einigen, so wäre die Gefahr des „Social dumping", also der Abwanderung von produzierenden Unternehmen aus „teuren" Staaten (etwa Deutschland) in „billige" (etwa Portugal), zwar weitgehend gebannt. Wenn jedoch ein Unternehmen für die Produktion in Portugal ähnlich hohe Löhne wie in der Bundesrepublik zahlen müßte, würde es wenig Sinn machen, in „Billigländern" zu investieren, womit diesen Staaten jede Möglichkeit genommen wäre, jemals Anschluß an die „reichen" Nationen zu finden.

Ziel der EG ist es deshalb, einen „europäischen Sozialraum" mit möglichst geringem Gefälle entstehen zu lassen. Hierbei helfen keine Verordnungen und Bestimmungen „von oben"; die Gemeinschaft kann allenfalls Rahmenbestimmungen und gewisse Mindeststandards festlegen. Alles andere muß sich sozusagen evolutionär entwickeln. Bei diesem Prozeß kommt auch nach 1993 den nationalen Regierungen eine wichtige Aufgabe zu.

**Wichtige nationale Aufgaben nach 1993**

### 4.4.1 Soziale Rechte der Arbeitnehmer

Die wichtigsten sozialen Errungenschaften für Arbeitnehmer lassen sich in drei Punkten zusammenfassen:

- Tariflich fixierte Löhne oder Gehälter mit entsprechender Sozialversicherung (Arbeitslosengeld, Altersrente, Lohnfortzahlung im Krankheitsfall) sowie bezahlter Urlaub, 13. Monatsgehalt usw.
- Wirksamer Arbeitsschutz
- Mitbestimmungsrechte.

Wie schon erwähnt, erscheint es im Augenblick noch unmöglich, für ganz Europa verbindliche Tariflöhne oder -gehälter durchzusetzen. Auch täte sich die EG schwer, wollte sie etwa das deutsche Mitbestimmungsmodell auf Großbritannien oder Griechenland übertragen. Wohl aber hat die Gemeinschaft seit Verabschiedung der Einheitlichen Europäischen Akte im Jahre 1987 die Möglichkeit, für alle Mitgliedstaaten verbindliche Bestimmungen auf dem Gebiet des Arbeitsschutzes zu beschließen. Hierzu ist eine qualifizierte Mehrheit im Ministerrat erforderlich.

### 4.4.2 Die europäische Sozialcharta

Nach langwierigen Debatten im Vorfeld verabschiedeten die Staats- und Regierungschefs der EG im Dezember 1989 die „Gemeinschaftscharta der sozialen Grundrechte der Arbeitnehmer", die jedoch lediglich eine „Selbstverpflichtung" der Mitgliedstaaten darstellt und wegen ihrer Unverbindlichkeit vielfach kritisiert wurde. In dieser Sozialcharta werden die Mindestrechte der EG-Arbeitnehmer folgendermaßen fixiert:

**Sozialcharta**

- Recht auf Freizügigkeit
- Recht auf freie Berufsausübung und gleiche Behandlung im gesamten EG-Raum
- Anspruch auf gerechte Entlohung
- Anspruch auf bezahlten Jahresurlaub und wöchentliche Ruhezeiten
- Recht auf einen Arbeitsvertrag
- Recht auf sozialen Mindestschutz insbesondere bei Arbeitslosigkeit und im Rentenalter
- Recht auf Information, Mitsprache und Mitwirkung im Betrieb
- Recht auf ausreichenden Gesundheits- und Sicherheitsschutz am Arbeitsplatz
- Gleichbehandlung von Mann und Frau
- Recht auf Kinder- und Jugendschutz
- Rechte der älteren Menschen
- Rechte der Behinderten

### 4.4.3 Der Europäische Sozialfonds (ESF)

**Sozialfonds**

Dem sozialen Ausgleich innerhalb der EG dienen die in Kapitel 2 näher beschriebenen Fonds, darunter auch der Europäische Sozialfonds, der an dieser Stelle nur aus Gründen der Vollständigkeit noch einmal angeführt werden soll. Die Mittel dieses Sozialfonds kommen Jugendlichen und Langzeitarbeitslosen bei der beruflichen Wiedereingliederung sowie Umschulungs- und Weiterbildungsmaßnahmen zugute.

## 4.5 Europäische Sprachenvielfalt
### Welche Sprachen gewinnen, welche verlieren?

**Neun Amtssprachen in der EG**

Zwölf Länder mit ihren eigenen Sprachen — ein wahrhaft babylonisches Sprachengewirr. Der Übersetzungsdienst der Gemeinschaft ist denn auch der weltweit größte Dienst dieser Art mit 12 978 Mitarbeitern. Fast 950 von ihnen sind tatsächlich mit Übersetzungsaufgaben beschäftigt. 1990 wurden rund eine Million Seiten übersetzt. Nicht verwunderlich — schließlich lassen die neun Amtssprachen der EG (Dänisch, Deutsch, Englisch, Französisch, Griechisch, Italienisch, Niederländisch, Portugiesisch, Spanisch) 72 Sprachkombinationen zu. Etwa zwei Prozent des EG-Gesamthaushalts und ein Drittel des Verwaltungshaushalts der Kommission werden für den Übersetzungsdienst ausgegeben, der zwölf Prozent des EG-Kommissions-Personals ausmacht. Neben den Übersetzern tun noch unzählige Dolmetscher ihre Arbeit.

Wäre es angesichts dieser Dimensionen nicht einfacher und kostenbewußter, wenn sich die EG auf zwei oder drei Amtssprachen festlegen würde wie etwa die UNO oder andere supranationale Organisationen? In den Gemeinschaftsverträgen war die Sprachenvielfalt von Anfang an festgelegt. Die EG wendet sich oft direkt an Bürger oder Unternehmen, vor dem Europäischen Gerichtshof kann jeder Bürger oder jedes Land Recht verlangen, die Interessengruppen verschiedener Länder werden durch die Arbeit in den Ausschüssen in die Entscheidungsfindung der EG miteinbezogen — eine Beschränkung auf wenige Sprachen würde die Abläufe komplizieren und hätte eine Verlagerung der Übersetzungstätigkeit in die einzelnen Mitgliedsländer zur Folge. Man kann davon ausgehen, daß damit eine Kostenerhöhung einhergehen würde. Durch die Zentralisierung kann der Übersetzungsdienst der EG sehr rationell arbeiten und den Übersetzern technische Hilfen zur Verfügung stellen, die für ein einzelnes Land zu kostspielig wären.

Dem Übersetzungsdienst steht seit 1973 die Datenbank EURODICAUTOM zur Verfügung, die auch von der Öffentlichkeit genutzt werden kann. 500 000 Begriffe und 150 000 Abkürzungen sind dort gespeichert.

Das Übersetzungssystem SYSTRAN, das automatische Übersetzungen liefert, wurde bereits 1976 entwickelt. Es kann mittlerweile aus dem Englischen in sechs Sprachen übersetzen, aus dem Französischen in vier, und aus dem Deutschen in zwei. Romanische Sprachen und Englisch bereiten am wenigsten Probleme. Deutsch gehört zu den Sprachen, bei denen sich das System schwer tut. Natürlich sind die Maschinen-Übersetzungen nicht so ausgefeilt wie eine Übersetzung durch den Menschen, aber sie sparen Zeit, besonders, wenn die Übersetzung nur für den internen Gebrauch ist oder als Rohfassung einem Übersetzer dienen soll. Im Moment übersetzt SYSTRAN pro Monat etwa 2 000 Seiten, meist Französisch-Englisch oder umgekehrt. In die Entwicklung des automatischen Übersetzungssystems wurden seit 1976 fast 35 Millionen Mark gesteckt. Trotzdem wird bereits an einem neuen System geforscht: EUROTRA.

**Künftig Fremdsprachenkenntnisse wichtig**

Mit der Vollendung des Binnenmarkts wird es auch für die EG-Bürger zunehmend wichtig, mehrere Sprachen zu beherrschen. Schon jetzt suchen die meisten Firmen Angestellte mit Fremdsprachenkenntnissen. Susanne Tiemann, Mitglied des Wirtschafts- und Sozialausschusses der EG meinte dazu in einem Interview mit der Zeitschrift EUROPA: „Wer sich nicht mindestens in Englisch und Französisch ausdrücken kann, der wird in Europa nicht wettbewerbsfähig sein. . . " Auch die Anforderungen an die Mobilität werden mit dem Binnenmarkt wachsen. Deshalb sollte sich jeder Europäer um Mehrsprachigkeit bemühen. Im Moment sind in der EG Englisch und Französisch die Haupt-Sprachen. Doch Deutsch ist stark im Kommen: Durch die Öffnung Osteuropas ist Deutsch wieder gefragt. Viele Osteuropäer sprechen nämlich kaum ein Wort Englisch, aber fließend Deutsch. Im Hinblick auf die Ausdehnung der EG nach Osten, die sicher zu sein scheint, werden auch Russisch und die anderen slawischen Sprachen interessant. Es gilt: Je mehr Sprachen jemand beherrscht, desto besser für seine Chancen im Europa von morgen.

## 4.6 Europa der Frauen

Die meisten Politiker, vor allem in den südlichen Ländern der Gemeinschaft, sind Männer. Auch der EG-Kommission gehören nur zwei Frauen an. Das bedeutet, daß Europa in erster Linie von Männern gemacht wird, auch das Europa der Frauen.

Haben die Frauen kein Interesse an Europa, werden sie nicht ausreichend informiert oder ist es in der Politik ebenso wie in vielen anderen Bereichen des täglichen Lebens bei dem bloßen Bekenntnis zur Gleichstellung von Mann und Frau geblieben?

Im EG-Durchschnitt sind 38 Prozent der erwerbstätigen Personen Frauen — 52 Millionen. Während jedoch in Dänemark der Anteil der Frauen über 45 Prozent liegt, erreicht er in Spanien knapp 30 Prozent. In allen Ländern der Gemeinschaft ergeben sich heute im Zusammenhang mit der Berufstätigkeit von Frauen dieselben Probleme, wenn auch in unterschiedlicher Ausprägung:

- Frauen erhalten häufig für gleiche Arbeit geringeren Lohn als ihre männlichen Kollegen

- Frauen arbeiten oft in atypischen Beschäftigungsformen (zum Beispiel Zeitarbeit)

- Frauen haben zu wenig Unterbringungsmöglichkeiten für ihre Kinder.

Hier kann die EG durch Gesetze und entsprechende Überwachung Abhilfe schaffen. Schwieriger ist es, die Frauen in ihrem Kampf gegen das traditionell und religiös geprägte Rollenverhalten zu unterstützen. Selbst wenn es gelingt, genügend Unterbringungsmöglichkeiten für Kinder zu schaffen und den Frauen adäquate Arbeitsplätze anzubieten, wird sie das nicht unbedingt vor Vorurteilen oder der Doppelbelastung durch Beruf und Familie schützen. Ausreichende Bildungsmöglichkeiten für Frauen werden wenig nützen, solange die qualifizierte Ausbildung von Frauen als gesellschaftlicher Luxus betrachtet wird, wie es in einigen EG-Ländern heute noch der Fall ist. Selbst in den reichen Industrieländern des Nordens der EG steht einer wirklichen Gleichstellung der Frau oft das gesellschaftlich antrainierte Verhalten beider Geschlechter entgegen. So ergreift der Großteil der Frauen in Deutschland noch immer die traditionell weiblichen Ausbildungsberufe: Friseuse, Verkäuferin, Pflegeberufe etc. Ähnlich sieht es in den meisten anderen Ländern der Gemeinschaft aus.

**Starke Frauenförderung**

Die Frauen in der EG stehen heute am Scheideweg. Einerseits sind sie immer noch ihrer alten Rolle als Mutter und Ehefrau verhaftet, andererseits tut die EG gerade im Moment sehr viel, um die Frauen zu unterstützen. Es liegt an den Frauen, die Angebote zu nutzen.

Schon 1957 wurde im EWG-Vertrag festgeschrieben, daß „jeder Mitgliedstaat den Grundsatz des gleichen Entgelts für Männer und Frauen bei gleicher Arbeit" anwenden sollte. 1975, im internationalen Jahr der Frau, wurde dazu erstmals vom Ministerrat eine Richtlinie verabschiedet. Ein Jahr später wurde in Form einer zweiten Richtlinie die berufliche Diskriminierung aufgrund des Geschlechts untersagt.

**1978: Gleichbehandlungsrichtlinie**

1978 gab es eine Richtlinie über die Gleichbehandlung in bezug auf die soziale Sicherheit. In den achtziger Jahren erarbeitete der Ministerrat mehrere Richtlinien, die die Stellung der Frau am Arbeitsplatz und im sozialen Gefüge stärken sollten. Außerdem wurden zwei Aktionsprogramme zur Förderung der Chancengleichheit auf den Weg gebracht. Im Oktober 1990 wurde das dritte Aktionsprogramm genehmigt, zu dessen Zielen die Verbesserung der beruflichen Aus- und Weiterbildung und der Beschäftigung von Frauen zählt. Des weiteren soll die Kommunikation zwischen den verschiedenen Beteiligten dieses Programms verbessert werden. Ebenfalls 1990 nahm der Rat eine Entschließung über den Schutz der Würde von Mädchen und Frauen am Arbeitsplatz an, die Kommission genehmigte Richtlinienvorschläge zu Teilzeit-, Leiharbeit und anderen atypischen Beschäftigungsverhältnissen sowie eine Richtlinie über den Schutz von Schwangeren und jungen Müttern am Arbeitsplatz. Ersteres ist dringend nötig, denn fast 30 Prozent der Frauen arbeiten als Teilzeitkräfte.

Leider sind gerade die Altersabsicherung, die staatlichen Zuwendungen für Familien, der Schutz von

Schwangeren und die Kindererziehungszeiten in den Ländern der EG sehr unterschiedlich. Dies trifft besonders die Frauen, die beispielsweise in der Bundesrepublik arbeiten, Steuern und Abgaben zahlen, aber in Frankreich wohnen. Die EG-Kommission hat 1989 gegen die Bundesrepublik ein Vertragsverletzungsverfahren eingeleitet, weil sie Grenzgängerinnen aus den Nachbarländern die Anrechnung der Kindererziehungszeiten verweigerte.

Im Mittelpunkt des neuesten Aktionsprogramms für Frauen, das auf Initiative von Vasso Papandreou zustande kam, die in der EG-Kommission mit Sozialpolitik befaßt ist, steht NOW — New Opportunities for Women (neue Chancen für Frauen). Dieses Programm wird von der EG bis 1995 mit 240 Millionen Mark gefördert. Der Schwerpunkt liegt auf der Ausbildung von Frauen.

**Aktionsprogramm „Neue Chancen für Frauen"**

Weitere Programme, die speziell der Frauenförderung dienen, sind die „Initiatives locales d'emploi" — lokale Beschäftigungsinitiativen — und IRIS. IRIS umfaßt über 200 Programme bzw. Projekte, die der beruflichen Aus- und Weiterbildung von Frauen dienen. Bereits 15 000 Frauen aus der Gemeinschaft nehmen dieses Angebot in Anspruch. Darüber hinaus können Frauen auch die anderen Angebote der EG im beruflichen Bereich nutzen, die nicht frauenspezifisch sind, so zum Beispiel ERGO, das sich um die Verminderung der Zahl der Langzeitarbeitslosen bemüht, oder PETRA, das Jugendliche auf das Arbeitsleben vorbereitet.

Bei der EG-Kommission gibt es sechs Netzwerke; das sind Gruppen von Experten, die sich regelmäßig in Brüssel treffen, um Erfahrungen und Meinungen zu frauenspezifischen Fragen auszutauschen. Jede Gruppe befaßt sich mit einem besonderen Themenkreis wie Kinderbetreuung, Frau und Fernsehen, Berufswahl etc. Die Teilnehmer aus den verschiedenen Mitgliedstaaten können über die nationalen Vertretungen der EG-Kommission errreicht werden.

Im Hinblick auf den Binnenmarkt kommt der beruflichen Förderung und sozialen Absicherung der EG-Bürgerinnen große Bedeutung zu. In fünf Bereichen sind die Frauen als Arbeitnehmerinnen und Lebenspartnerinnen von der Vollendung des Binnenmarkts nach Meinung der Gewerkschaften besonders betroffen:

1. bei der Umstrukturierung der Dienstleistungsbranchen (dort arbeiten 74 Prozent der berufstätigen Frauen),
2. bei der Schaffung von sozialen Rechten (Teilzeit- und Nachtarbeit),
3. bei der Freizügigkeit und sozialen Sicherheit,
4. bei der Gleichberechtigung im Arbeitsleben,
5. beim Arbeitsschutz (hier gibt es sehr große Unterschiede zwischen den Mitgliedstaaten).

Im wesentlichen ergibt sich daraus die Notwendigkeit für eine umfassende gemeinsame Sozialpolitik innerhalb der Europäischen Gemeinschaft noch vor dem magischen Datum 1993.

Eine entscheidende Rolle bei der Durchsetzung der Gleichbehandlung wird auch die Rechtsprechung des Europäischen Gerichtshofs spielen. Je stärker die Auslegung der entsprechenden Gesetze zugunsten der Frauen ausfällt, desto eher wird ein Umdenken in Gang kommen.

## 4.7 Europäischer Umweltschutz

Umweltschutz ist in der wachstumsorientierten Welt der Industrieländer ein Bereich, der Emotionen weckt. Die einen sehen Horrorszenarien voraus, wenn der Umweltschutz nicht immer und überall die erste Priorität erhält, die anderen sehen die Welt im Mittelalter versinken, sehen Wohlstand, Komfort und Arbeitsplätze vom Umweltschutz bedroht.

Europa ist in weiten Teilen ein dicht besiedeltes Land. Westdeutschland gehört zu den bevölkerungsreichsten Gebieten. Wo so viele Menschen leben und arbeiten, wird die Natur zurückgedrängt und bedroht. Zum Schutz der Natur, gegen Verschmutzung des Wassers, des Bodens und der Luft muß rechtzeitig etwas unternommen werden. Die kommunistischen Regimes im Osten Deutschlands und Europas haben plastisch vorgeführt, wohin die totale Mißachtung der Natur führen kann. In der ehemaligen DDR ist die Konzentration bestimmter Schadstoffe in der Luft oft viermal so hoch wie im EG-Durchschnitt, die Hälfte der Wasservorräte ist zur Trinkwassergewinnung nicht mehr geeignet, fast alle Mülldeponien entsprechen nicht den EG-Standards.

In der EG macht man sich zunehmend Gedanken über den Schutz der Umwelt. Es gibt bereits EG-Bestimmungen über Höchstwerte von Luftschadstoffen, über Schadstoffhöchstwerte in Fisch- und Badegewässern, über Schadstoffmengen im Trinkwasser. Es gibt Mindestanforderungen an Kraftwerke, Müllverbrennungsanlagen, für die Lagerung gefährlicher Chemikalien und ähnliches mehr. Außerdem bestehen einheitliche Normen für den Strahlenschutz, Höchstwerte für den Ausstoß von Abgasen bei Kfz. Bereits seit 1985 müssen Großprojekte der Industrie auf ihre Umweltverträglichkeit geprüft werden. Selbst ein Rasenmäher darf nicht lärmen wie er will.

Viele Bestimmungen und Höchstwerte sind jedoch Kompromisse. Man erinnere sich beispielsweise an die Begrenzung des Schadstoffausstoßes bei Kfz: Damals forderte die Bundesrepublik besonders hinsichtlich

**Kompromißlösungen beim Umweltschutz**

kleiner Autos weitergehende Begrenzungen. Italien setzte sich vehement zur Wehr, weil der Großteil der in Italien hergestellten Autos noch nicht auf Katalysatortechnik ausgerichtet war. Gerade im Bereich Verkehr, der für einen Großteil der Luftverschmutzung verantwortlich ist, hat die Gemeinschaft große Einigungsprobleme. Stichwörter sind hier der Alpentransit und die Abgasnormen für Dieselmotoren. Das erste Problem ist längst nicht gelöst: Erst im April 1991 hat der EG-Verkehrskommissar konkrete Vorschläge zur Reduzierung der Umweltbelastung in den Alpen vorgelegt. Die Konzepte für die Alpentransversalen mit Einbindung der Bahn liegen vor. Die praktische Umsetzung läßt auf sich warten.

Zu den Abgasnormen für Dieselmotoren in Lkw haben die EG-Umweltminister im März 1991 eine längst fällige Entscheidung getroffen: In einem zweistufigen Verfahren sollen ab Mitte 1992 die Werte für Kohlenmonoxid, Kohlenwasserstoff und Stickoxide fast halbiert werden. Auch Rußpartikel-Emissionen werden dann begrenzt. Die zweite Stufe sieht ab 1. Oktober 1995 eine weitere Reduktion der Werte vor.

**Neue Umweltbelastung durch Verkehrswachstum**

Doch trotz des bisher Erreichten wird die Vollendung des Binnenmarkts, besonders im Bereich Verkehr, neue Umweltbelastungen mit sich bringen. Wenn die innereuropäischen Grenzen fallen, erwarten Experten ein wirtschaftliches Wachstum von bis zu sieben Prozent. Eine von der EG-Kommission angeregte, mit Experten besetzte Task Force hat die mit der Einführung des Binnenmarktes zu erwartenden Umweltschäden untersucht. Der Bericht der Task Force geht davon aus, daß das wirtschaftliche Wachstum, ausgelöst durch den Gemeinsamen Markt, bis 2010 zu einem Ausstoß an Schwefeldioxid und Stickoxiden führt, der acht bis neun Prozent bzw. 12 bis 14 Prozent höher liegt als der, der in einem Europa ohne Gemeinsamen Markt erreicht würde. Stark betroffen von den

Auswirkungen werden die unterentwickelten Regionen der EG sein. Dort werden analog zur Wirtschaft auch die Umweltprobleme wachsen, denn in diesen Regionen gibt es meist keine Umwelttechnik, geschweige denn Schutzmaßnahmen. Die Task Force weist darauf hin, daß gerade die hochindustrialisierten Länder die Pflicht haben, die ärmeren Partner beim Umweltschutz finanziell und mit Know-how zu unterstützen. Es ist erwiesen, daß die Industrieländer den größten Anteil an der Luftverschmutzung haben. Die Task Force empfiehlt, EG-weite Minimal-Standards für alle Bereiche des Umweltschutzes zu setzen, und den weniger potenten Partnern über Strukturförderungen zur schnellen Durchsetzung dieser Standards zu verhelfen. In vielen Bereichen ist eine internationale Zusammenarbeit vonnöten.

Doch auch in den hochentwickelten EG-Ländern steht nicht alles zum besten: In Italien zum Beispiel müßten schätzungsweise 26 Millionen Mark aufgewendet werden, um die Gemeinschaftsnormen im Umweltschutz zu erreichen. Für Ostdeutschland werden in vielen Bereichen noch jahrelang Ausnahmeregelungen von EG-Umweltnormen gelten müssen. Selbst 20 Prozent der westdeutschen Wasserwerke sind nicht in der Lage, die EG-Bestimmungen über Pestizidrückstände im Trinkwasser ohne weiteres einzuhalten.

Und in Brüssel — Sitz Tausender von EG-Beamten — fehlt gar die Kläranlage. Insgesamt bleiben 50 Prozent der Abwässer der EG-Bürger ungeklärt.

In puncto Umweltschutz bleibt also noch viel zu tun. Die EG-Bürger werden nicht umhin kommen, dafür in den nächsten Jahren auch finanzielle Opfer in Form von Abgaben und Steuern zu bringen.

# 5 Was Europa der Wirtschaft bringt

Stets war die Wirtschaft der eigentliche Antriebsmotor der europäischen Integration, während die Politik der ökonomischen Entwicklung folgte. Heute, am Vorabend des gemeinsamen Binnenmarktes, darf durchaus von einer Parallelität der Interessen gesprochen werden. Die Wirtschaft des alten Kontinents kann es sich im Hinblick auf ihre langfristige Wettbewerbsfähigkeit gegenüber den Staaten des Fernen Ostens und den USA nicht mehr leisten, auf die Sonderwünsche und nationalen Bestimmungen der einzelnen EG-Länder einzugehen. Umgekehrt muß eine prosperierende Wirtschaft zu den Zielen einer erfolgreichen Politik gehören. Ein großer Wirtschaftsraum ist vonnöten, denn nur die Produktion hoher Stückzahlen senkt die Preise pro Einheit und hebt die Produktivität. Immerhin: die Kaufkraft innerhalb der Europäischen Gemeinschaft ist viermal höher als in der Bundesrepublik Deutschland allein. Das alles setzt natürlich einen freien und nicht durch bürokratische Barrieren behinderten Warentransport voraus. Zustände, wie sie mehrmals jährlich am Brenner herrschen, müssen sehr bald der Vergangenheit angehören. Auch unter diesem Aspekt wäre übrigens eine baldige Integration Österreichs in die Gemeinschaft zu begrüßen; denn im Augenblick bildet der Brenner noch die Grenze zwischen einem EG- und einem EFTA-Land.

**Kaufkraft innerhalb der EG viermal höher als in Deutschland**

Sogar in der Schweiz, wo man noch vor einigen Jahren nicht an einen eventuellen EG-Beitritt denken mochte, planen Manager und Politiker über 1993 hinaus. „Im Europa von morgen", meinte ein Diplomat im Berner Bundeshaus, „kann sich die Schweizer

Wirtschaft im Grunde noch nicht mal den Zöllner leisten, der eine Stunde Mittagspause macht..." Bedeutet: Schnelligkeit ist gefragt.

In einem Punkt darf sich die Wirtschaft keinerlei Illusionen machen: Der Europäische Binnenmarkt bedeutet mehr Chancen, aber auch steigende Risiken. Der Absatzmarkt wächst, damit aber auch die Zahl der Konkurrenten. Mancher, der es sich in den letzten Jahren hinter nationalen Schutzzäunen recht kommod eingerichtet hatte, dürfte schon bald den rauhen Wind des Wettbewerbs spüren. Gerade die kleinen und mittleren Unternehmen müssen nach grenzüberschreitenden Kooperationen, modernen Unternehmensstrukturen und nach lukrativen Marktnischen suchen. Dann verspricht der Europäische Binnenmarkt geschäftliche Erfolge. Die deutsche Wirtschaft, in den meisten Branchen auf 1993 gut vorbereitet, begrüßt das Europa der Zukunft. 52 Prozent der befragten Manager aus Industrie und Baugewerbe schätzen wenige Monate vor „1993" nach Angaben des Bonner Wirtschaftsministeriums die Auswirkungen des Binnenmarktes auf ihr Unternehmen positiv ein. Nur sieben Prozent machen Bedenken geltend, der Rest sieht keine wesentlichen Veränderungen.

**Mehr Chancen, steigende Risiken**

Schon vor dem Datum „1993" profitierte die Wirtschaft vom Binnenmarkt. Spätestens seit der zweiten Hälfte der achtziger Jahre machen zahlreiche Manager ihre Unternehmen „fit" für Europa, das heißt, sie investieren, um für den härter werdenden Wettbewerb gerüstet zu sein.

**Investitionen für Europa**

Verschärfter Wettbewerb, Notwendigkeit der Kostensenkung und anspruchsvollere (verwöhnte) Konsumenten und Investoren — diese drei Herausforderungen sieht der Münchner Unternehmensberater Roland Berger auf die europäischen Manager zukommen.

## 5.1 Schnellerer Warenverkehr

Obgleich der freie Warenverkehr zwischen den Staaten der Gemeinschaft bereits im EWG-Vertrag verankert ist, blieben die Grenzformalitäten mit all ihren bürokratischen Hindernissen bestehen. Unterschiedliche Steuersätze, von Staat zu Staat variierende Vorschriften (etwa im Gesundheits- oder Lebensmittelbereich) und andere Beschränkungen sorgten dafür, daß sich der grenzüberschreitende Warenverkehr zwischen den EG-Mitgliedern lediglich im „Stop-and-go-Verfahren" abwickeln ließ. „Aufgrund der oft langwierigen Grenzkontrollen fährt ein Lkw von Antwerpen nach Mittelitalien im Durchschnitt mit 20 Stundenkilometern", beschrieb die frühere Staatsministerin im Auswärtigen Amt, Irmgard Adam-Schwaetzer, die Problematik. Und dies kostete nicht nur viel Zeit, sondern natürlich auch Geld. Die Kosten für die überflüssigen Grenzkontrollen schätzte die EG-Kommission schon 1988 auf rund 24 Milliarden DM.

**Verwaltungsaufwand an den Grenzen**

Noch eine Zahl, um den bürokratischen Aufwand an den EG-Grenzen zu illustrieren: Bis Ende 1987 waren manchmal bis zu 35 Grenzdokumente (!) erforderlich, damit Waren von einem EG-Staat in den anderen transportiert werden durften. Am 1. Januar 1988 kam es dann endlich zu einer Vereinfachung. Seither reicht nämlich ein an allen Grenzen gültiges Einheitsdokument aus. Mit der Verwirklichung des Binnenmarktes entfallen die Grenzformalitäten. Die Handelsrechnung wird zum einzigen Dokument für den Handel mit Gemeinschaftswaren. Von dieser Entwicklung profitiert im besonderen Maße die mittelständische Wirtschaft. Die bereits erwähnte Arbeitsgruppe unter der Leitung des Italieners Paolo Cecchini errechnete, daß die durch Grenzformalitäten verursachten Kosten mittelständische Betrieben um 30 bis 40 Prozent stärker belasten als Großunternehmen.

## 5.1.1 Beseitigung technischer Schranken

Der Warenverkehr innerhalb der Europäischen Gemeinschaft wurde in den letzten Jahren insbesondere durch technische Schranken gehemmt. Darunter fallen unterschiedliche gesetzliche Bestimmungen, die etwa die Zusammensetzung von Produkten oder die Zulassungs- und Prüfungsverfahren für Maschinen oder chemische Erzeugnisse regeln. Daneben gibt es noch die einfuhrbehindernden Verwendungsvorschriften, also zum Beispiel Verbote für bestimmte Stoffe. Jahrelang versuchte die EG, derlei Unterschiede durch Harmonisierung, das heißt durch die Einigung auf eine Gemeinschaftsnorm, abzubauen. Ein außerordentlich mühsames und langwieriges Verfahren. Um den Abbau der technischen Handelsschranken zu beschleunigen, setzte die Gemeinschaft schließlich auf das Prinzip der gegenseitigen Anerkennung. Was bedeutet dies im Klartext? Angenommen, ein Produkt wird von Belgien als sicher und gesundheitlich unbedenklich anerkannt, dann muß auch zum Beispiel die Bundesrepublik Deutschland dieses Prüfungsergebnis der belgischen Behörden anerkennen und den freien Verkauf des betreffenden Produktes ermöglichen.

**Abbau technischer Handelsschranken**

## 5.1.2 Normen

Ein weiteres Handicap für den Handel im Binnenmarkt von morgen stellen im Augenblick noch die höchst verschiedenen Normen innerhalb der EG dar. So gibt es allein in der Bundesrepublik Deutschland rund 20000 Normen für Qualität, Kontrolle, Beschaffenheit und Verpackung von Produkten. Bis Ende 1992 ein flächendeckendes Netz europäischer Normen zu finden, ist Aufgabe der gemeinsamen Normeninstitution CEN/CENELEC in Brüssel. Ob ein Hersteller

**Normen**

diese europäischen Normen dann auch anwendet, bleibt seiner Entscheidung überlassen. Falls er sich dagegen entscheidet, muß er beweisen, daß seine Produkte den grundlegenden Sicherheitsanforderungen entsprechen.

## 5.2 Steuerharmonisierung

Manche bezeichnen die dringend notwendige Steuerharmonisierung in der EG als den „dicksten Brocken" auf dem Weg zum Binnenmarkt. Tatsächlich gehen nicht nur die jeweiligen Steuersätze beträchtlich auseinander, vielmehr unterscheidet sich auch die Steuerstruktur. In einigen Ländern ist der Anteil der indirekten Steuern am Bruttoinlandsprodukt recht hoch (in Irland machen sie zum Beispiel 16 Prozent aus). In der Bundesrepublik Deutschland oder in Italien liegt der Anteil der indirekten Steuern am Bruttoinlandsprodukt unter zehn Prozent. Zu den indirekten Steuern ist in erster Linie die Mehrwertsteuer zu zählen; hinzu kommen Verbrauchsteuern, die wir zum Beispiel als Tabak- oder Mineralölsteuer kennen.

### 5.2.1 Die Mehrwertsteuer

Am augenfälligsten wird der Harmonisierungsbedarf bei der Mehrwertsteuer. Die unterschiedliche Höhe dieser Steuer macht einen wirklich funktionierenden Binnenmarkt im Augenblick nahezu unmöglich. So schwankt schon der Normalsatz zwischen 12 Prozent (zum Beispiel in Luxemburg) und 22 Prozent. In Großbritannien und Irland gilt, um die Sache noch weiter zu komplizieren, bei Nahrungsmitteln ein Mehrwertsteuersatz von null Prozent, in Italien muß der Käufer von sogenannten Luxusgütern bis zu 38 Prozent Mehrwertsteuer zahlen. Daß solche höchst unterschiedlichen Mehrwertsteuersätze zu Wettbewerbsverzerrungen führen müßten (wer würde schon in einem gemeinsamen Binnenmarkt sein Auto in einem Land mit hoher Mehrwertsteuer kaufen?), liegt auf der Hand.

Andererseits erscheint es angesichts der nationalen Besonderheiten nur schwer möglich , künftig einen einheitlichen Mittelwert, sagen wir 16 oder 17 Prozent, zu fixieren. Nach rund vierjährigen Verhandlungen verständigen sich die EG-Finanzminister im Sommer 1991 darauf, einen Mehrwertsteuermindestsatz von 15 Prozent festzuschreiben. Der ermäßigte Satz darf 5 Prozent nicht unterschreiten. Gleichzeitig wurde einigen Ländern erlaubt, ihre „superermäßigten" Sätze sowie die Nullsätze für eine Übergangszeit beizubehalten.

Zwangsläufig entsteht nun die Frage, in welchem Land die Umsatzsteuer anfällt. Ein Beispiel: Ein deutsches Unternehmen kauft in Belgien Waren und zahlt dafür Mehrwertsteuer, die es in Deutschland als Vorsteuer absetzt. Bleibt die gezahlte Mehrwertsteuer nun in Belgien oder müssen die Belgier an den deutschen Fiskus zahlen? Diese Frage ist klar geregelt. Es gilt das „Bestimmungslandprinzip", das heißt, im konkreten Fall müßte Belgien die Mehrwertsteuer an die Bundesrepublik als Verbrauchsland zahlen. Die Verrechnung soll im Binnenmarkt über ein europäisches Clearing-System erfolgen.

**Bestimmungslandprinzip**

## 5.2.2 Die Verbrauchsteuern

Daß, wann immer Finanzminister Budgetlücken entdecken, die Steuern auf Mineralöl, Tabak und Spirituosen beliebte Einnahmequellen darstellen, die sich nach Bedarf relativ unproblematisch erhöhen lassen, ist bekannt. Die Verbrauchsteuern gelten denn auch als eines der wichtigsten Instrumentarien zur Finanzierung der Haushalte. Allerdings ist auch in diesem Bereich Harmonisierung gefragt. Das wissen zum Beispiel alle Freunde des bacchantischen Vergnügens ganz genau: In Italien und Griechenland ist der Weingenuß steuerfrei; das gilt in der Bundesrepublik Deutschland nur eingeschränkt, denn wer dort etwa zu Schaumwein greift, zahlt Sektsteuer. Im benachbarten Großherzogtum Luxemburg langt der Fiskus nur bei importiertem Wein zu.

Um hier Ordnung zu schaffen, schlug die EG-Kommission vor, künftig nur noch fünf Verbrauchsteuern zu erheben, und zwar auf Mineralöl, Tabak, Alkohol, Bier und Wein. Die EG-Finanzminister einigten sich auch in diesem Punkt auf Mindestsätze. Sie klammerten die Brandweinsteuer sowie die Steuer auf leichtes Heizöl jedoch aus (siehe Tabelle).

|  | **EG-Mindestsatz** |
|---|---|
| Mehrwertsteuer | 15 % (5 %) |
| Benzin (verbleit) | 337 Ecu/hl = 69,08 Pfg/l |
| Benzin (unverbleit) | 287 Ecu/hl = 58,83 Pfg/l |
| Diesel | 245 Ecu/hl = 50,22 Pfg/l |
| Bier<br>z. B. Bier zu 5° | 1,87 Ecu/hl pro Grad Alkohol<br>19,17 DM/hl |
| Wein | 0 |
| Zigaretten | 57 % vom Endverkaufspreis |

### 5.2.3 Direkte Steuern

Gestaltet sich die Harmonisierung der indirekten Steuern schon äußerst schwierig, so erscheint eine Anpassung der von den EG-Mitgliedern erhobenen direkten Steuern (zum Beispiel Einkommen- oder Körperschaftsteuer) im Augenblick jedenfalls kaum realisierbar. Zwar beschäftigt sich die Kommission auch mit diesem diffizilen Thema, letztlich ist man sich in Brüssel aber darüber im klaren, daß es sich bei der Harmonisierung der direkten Steuern um ein sehr langfristiges Ziel handelt. Was natürlich nicht ausschließt, schon jetzt Vorschläge zu unterbreiten. Sie betreffen unter anderem die Harmonisierung der Körperschaftsteuer, und die steuerlichen Gewinnermittlungsvorschriften.

**Harmonisierung der Körperschaftsteuer**

## 5.3 Liberalisierung des öffentlichen Beschaffungswesens

Knapp neun Prozent des Bruttoinlandsprodukts der Europäischen Gemeinschaft entfallen auf das öffentliche Auftragswesen, also beispielsweise Bauaufträge, die eine staatliche Behörde in der Regel an inländische Unternehmen vergibt. Bislang hatten etwa französische Bauunternehmen kaum Chancen, sich an einem von einer deutschen Behörde ausgeschriebenen Projekt zu beteiligen — und umgekehrt. Das soll sich ab 1. Januar 1993 ändern. Dann nämlich müssen öffentliche Auftraggeber ab einem bestimmten Auftragsvolumen (im Bausektor zum Beispiel 100 000 ECU) ihre Vorhaben international ausschreiben. Dies gilt für die Bereiche Energie, Transport, Wasser und Telekommunikation. Die EG informiert tagesaktuell über ihre TED-Datenbank (Tender Electronic Daily) über die öffentlichen Ausschreibungen in den zwölf EG-Staaten (Nähere Informationen beim EG-Verbindungsbüro, Zitelmannstraße 22, 5300 Bonn 1, Telefon 02 28 / 5 30 09 10).

## 5.4 Chancen für den Mittelstand

Als in der zweiten Hälfte der achtziger Jahre die Diskussionen über den Europäischen Binnenmarkt begannen, schien es zunächst, als sei dieses Vorhaben ausschließlich für Großunternehmen interessant, als hätten kleine und mittlere Unternehmen ohnehin kaum Chancen, sich im harten Wettbewerb zwischen Kopenhagen und Palermo zu behaupten. Es mag richtig sein, daß große Konzerne längst über internationale Strukturen verfügen und somit der Herausforderung „1993" mit einer gewissen Gelassenheit entgegensehen können, während kleine und mittlere Unternehmen erst noch die nötigen Voraussetzungen schaffen müssen, um die Chancen des Binnenmarktes wahrzunehmen. Auf der anderen Seite können sich Flexibilität, Anpassungsfähigkeit und schnelles Reaktionsvermögen auf aktuelle Marktentwicklungen, über die mittlere Unternehmen nun einmal eher verfügen als Großkonzerne, sehr bald als Vorteil erweisen. Außerdem: Fast 99 Prozent der deutschen Unternehmen zählen zum Mittelstand, wobei dieser Begriff allerdings recht großzügig definiert ist und Betriebe mit 20 Mitarbeitern ebenso einschließt wie solche mit 500. Aber immerhin erwirtschaften kleine und mittlere Unternehmen rund zwei Drittel des deutschen Bruttosozialprodukts. Es liegt mithin im Interesse aller, daß diese Betriebe im Binnenmarkt eine faire Chance erhalten; ein Europa der Großkonzerne müßte die Hoffnung auf mehr Wettbewerb innerhalb der EG jäh zunichte machen.

**Faire Chance für kleinere und mittlere Betriebe**

### 5.4.1 Das Euro-Fitneß-Programm

Speziell für kleine und mittlere Betriebe, die über keine Auslandserfahrung oder entsprechende Stabsstellen verfügen, sich aber dennoch auf den Europäischen

Binnenmarkt optimal vorbereiten wollen, hat das Bonner Wirtschaftsministerium das „Euro-Fitneß-Programm" ins Leben gerufen, wofür jährlich rund 30 Millionen DM bereitstehen. Dieses Programm umfaßt

- Informationen durch die Herausgabe von Broschüren und die Organisation von Telefonaktionen
- Informationsveranstaltungen zu bestimmten Fachthemen (zum Beispiel Mittelstandsforschung oder Normen)
- Finanzielle Förderung für die Teilnahme von kleinen und mittleren Betrieben (insbesondere des Handwerks) an Messen und Ausstellungen, Beratung und Schulung
- Markt- und Branchenanalysen
- Binnenmarkt-Beauftragte für die Beratung vor Ort.

„Euro-Fitneß-Programm" für Betriebe

Nähere Informationen beim Bundesministerium für Wirtschaft, Postfach, 5300 Bonn-Duisdorf.

## 5.4.2 Das Business Cooperation Network (BC-Net)

Es ist nicht allein damit getan, daß ein kleines oder mittleres Unternehmen gute Produkte herstellt. Um die Chancen des Binnenmarktes wirklich nutzen zu können, bedarf es grenzüberschreitender Kooperation. Die Unternehmen müssen also nach Geschäftspartnern in Europa Ausschau halten, sei es für die Produktion oder für den Vertrieb. Und genau an diesem Punkt beginnen für manche Firmen bereits die Probleme. Wie soll man bei der Partnersuche vorgehen, zumal, wenn man mit den wirtschaftlichen und rechtlichen Voraussetzungen in dem betreffenden EG-Land nicht so recht vertraut ist und vielleicht nicht einmal die dortige Sprache beherrscht?

**„Kontaktbörse" durch Business Corporation Network**

Die Task Force KMU (das Kürzel KMU steht für „Kleine und mittlere Unternehmen") der Brüsseler Kommission kam Ende der achtziger Jahre auf die Idee, eine Art „Kontakt-Börse" einzurichten; eine europaweit vernetzte Datenbank, in der partnersuchende Unternehmen registriert werden. Tausende von Firmenprofilen sind mittlerweile in diesem „Business Cooperation Network" (oder kurz: BC-Net) gespeichert und von über 500 Korrespondenten in allen EG-Staaten abrufbar. Bei diesen Korrespondenten handelt es sich um öffentliche oder private Unternehmensberatungsstellen, darunter zum Beispiel Handels- und Handwerkskammern, Euro-Info-Centren sowie spezialisierte Unternehmensberater. Diese Stellen leiten den Kooperationswunsch unter Wahrung der Vertraulichkeit an das BC-Net weiter. Von nun an übernimmt, vereinfacht ausgedrückt, der Computer die Partnersuche, das heißt, er unterbreitet entsprechende Vorschläge.

Weitere Informationen zum BC-Net geben die örtlichen Kammern oder direkt die EG-Kommission, Generaldirektion XXIII BC-Net, Rue de Loi, B-1049 Brüssel.

## 5.5 Europa für Freie Berufe

Was für Unternehmen gilt, trifft natürlich gleichermaßen für die rund 1,2 Millionen Freiberufler innerhalb der Europäischen Gemeinschaft zu: All den Ärzten, Rechtsanwälten, Steuerberatern, Architekten und Unternehmensberatern — um nur einige Beispiele zu nennen — entstehen im Binnenmarkt sowohl Risiken als auch Chancen. Zwar darf man heute ohne nationale Überheblichkeit feststellen, daß die rund 415 000 Freiberufler in der Bundesrepublik Deutschland zu den bestausgebildeten der Welt zählen und, was das fachliche Wissen angeht, europäische Konkurrenten nicht zu fürchten brauchen, doch damit allein ist es nicht getan. Der Anwalt oder der Steuerberater von morgen muß, sofern er in Europa langfristig wettbewerbsfähig bleiben will, nicht nur über die rechtlichen Voraussetzungen in den EG-Nachbarstaaten detailliert informiert sein, er sollte zudem mindestens zwei Fremdsprachen beherrschen (eine perfekt, die andere zumindest so, daß eine mündliche oder schriftliche Verständigung möglich ist).

Nachdem eine wichtige Barriere für das europäische Engagement von Freien Berufen, nämlich das Hickhack um die gegenseitige Anerkennung von Diplomen, von der EG weitgehend beseitigt wurde, eröffnet sich dem sprachbegabten Freiberufler wesentlich stärker als bisher die Chance, seine Dienstleistung genau dort anzubieten, wo der größte Beratungsbedarf besteht. Anders ausgedrückt: der Freiberufler kann mit seinem Dienstleistungsangebot auf die Beratungsnachfrage reagieren. Marlies Hummel vom Ifo-Institut für Wirtschaftsforschung sprach schon vor längerer Zeit („Geschäftswelt" 4/90) von der Möglichkeit für Freiberufler, unterschiedliche nationale Arbeitsmarktsituation zu bereinigen. Sie verwies damals auf die Abwanderung von jungen deutschen und irischen Ärzten nach Großbritannien, wo im Gegensatz zu den Herkunftsländern ein Mangel an Assistenzärzten herrscht.

**Neue Chancen für sprachbegabte Freiberufler**

Darüber hinaus dürfte der Beratungsbedarf gerade mittelständischer Unternehmen, die verstärkt in einem bestimmten EG-Land Fuß fassen wollen, „vor Ort" steigen. Es könnte sich zum Beispiel als vorteilhaft erweisen, wenn ein deutsches Unternehmen, das verstärkte Aktivitäten auf der iberischen Halbinsel plant, spanische Anwälte oder Steuerberater um Rat fragt; Experten, die nicht nur mit der nationalen Gesetzeslage vertraut sind, sondern überdies die Mentalität ihrer Landsleute sowie die Usancen der Behörden und Verbände kennen.

**Mobilität der Europäer nicht unterschätzen**

Schließlich sollte die Mobilität der Europäer nicht unterschätzt werden. Schon heute, so Ifo-Expertin Hummel, seien in einigen Mittelmeerländern „deutsche Kolonien" zu beobachten. Die dort lebenden Deutschen brauchen den Rat von Architekten, Steuerberatern, Anwälten und Ärzten . . . Ebenfalls ein Nachfragepotential für Freiberufler.

### 5.5.1 Die Europäische Wirtschaftliche Interessenvereinigung (EWIV)

Zum 1. Juli 1989 schuf die Gemeinschaft eine neue, grenzüberschreitende Rechtsform für kooperationswillige Unternehmen — die „Europäische Wirtschaftliche Interessenvereinigung" (EWIV). Sie ist sicherlich nicht nur, aber in erster Linie für kleinere Unternehmen und Freiberufler interessant. Die EWIV gleicht der deutschen Offenen Handelsgesellschaft (OHG). Sie erlaubt es Unternehmen und Personen aus mindestens zwei EG-Staaten, eine supranationale Gesellschaft zu gründen. Das Wichtigste dabei: Die Gesellschaft muß sich nicht mehr voll dem Recht eines bestimmten Staates unterordnen. Das heißt, die EWIV bildet eine innerhalb der EG verbindliche Rechtsform, in deren Rahmen die Partner grenzüberschreitend zusammenarbeiten können.

### 5.6 Europäische Spitzentechnologie und Forschung

Die zwölf Staaten der EG zusammen stellen ein gewaltiges Innovationspotential dar. Europäische Technologie wird überall in der Welt eingesetzt. Kerntechnik,

Luft- und Raumfahrt, Gentechnik, Maschinenbau, Fahrzeugtechnik. Um den hohen Standard zu erhalten, müssen die Europäer ständig am Ball bleiben. Gemeinsam können die zwölf Länder eine effektivere Forschungs- und Technologiepolitik betreiben als ein einzelnes Land dies könnte. Der Einsatz der Europäer in der Raumfahrt beispielsweise, oder beim Airbus, würde die finanziellen Möglichkeiten eines einzelnen Landes weit übersteigen. In der EG hat man schon vor Jahren erkannt, daß eine gemeinsame Technologie- und Forschungspolitik nötig ist, wenn Europa gegenüber Japan und den USA konkurrenzfähig bleiben möchte und das von dem Amerikaner Bruce Nussbaum vorhergesagte Technology Lag verhindert werden soll.

**Europas erfolgreiche „Himmelsstürmerin": die Trägerrakete Ariane beim Start.**

**Gemeinschaftliches Rahmenprogramm für Wissenschaft und Technik**

Bereits 1984 war das erste „Gemeinschaftliche Rahmenprogramm für Wissenschaft und Technik" begonnen worden, für das für die Jahre bis 1987 ein Budget von acht Milliarden Mark vorgesehen war. Am 28. September 1987 wurde das zweite „Rahmenprogramm für Forschung und technologische Entwicklung" verabschiedet, das bis 1991 läuft. Der Finanzrahmen umfaßt diesmal rund 13 Milliarden Mark. Die Schwerpunkte des Programms liegen in der Kommunikationstechnologie, der Energieforschung, auf dem Sektor der Biotechnologie und der Agrarforschung sowie auf der Entwicklung neuer Werkstoffe. Außerdem legt die EG bei allen Programmen großen Wert auf Angleichung und Harmonisierung von technischen Normen und Standards. Durch die unterschiedliche Normierung und Standardisierung in den Mitgliedstaaten der Gemeinschaft wird zwar die jeweils eigene Industrie häufig vor Konkurrenz geschützt, aber gleichzeitig die Entwicklung eines gemeinsamen Technologiemarktes behindert, um nicht zu sagen verhindert.

Die Mittelvergabe für die einzelnen Projekte innerhalb des Programms erfolgt durch die EG-Kommission, die dabei von Ausschüssen unterstützt wird.

Da gibt es zum einen die Vertragsforschung. Das bedeutet: Die Forschungstätigkeit wird an einem Institut oder in einem Unternehmen durchgeführt, und die EG beteiligt sich mit 50 Prozent an den Kosten. Zum anderen kann die EG in den vier eigenen Anstalten forschen lassen, die Teil der gemeinsamen, seit 1958 bestehenden Forschungsstelle sind. Zuletzt bleibt noch die Forschungskoordinierung: Die Gemeinschaft steckt den Rahmen des Projekts ab und wirkt als Koordinator zwischen den am Projekt beteiligten Stellen und Ländern. Die Finanzierung läuft in diesem Fall über die Mitgliedsstaaten.

Die EG wendet insgesamt fast zwei Prozent ihres Bruttoinlandproduktes (BIP) für Forschung und Entwicklung auf, weniger als Japan (etwa 3 Prozent) und die USA (2,8 Prozent). Die Ausgaben für diesen Bereich in den einzelnen Mitgliedsländern sind sehr unterschiedlich. Die Bundesrepublik kann es mit 2,8 bis 2,9 Prozent des BIP mit Japan und den USA durchaus aufnehmen. Auch Frankreich, Großbritannien und die Niederlande wenden mehr als zwei Prozent ihres BIP für Forschung und Entwicklung auf. Die Schlußlichter sind Portugal (0,45 Prozent) und Griechenland (0,33 Prozent). In der Bundesrepublik tragen den größten Teil der Ausgaben für Forschung und Entwicklung, nämlich etwa 75 Prozent, die Unternehmen. Die starke Beteiligung der Industrie liegt in der Tatsache begründet, daß fast die Hälfte der Güter (47,5 Prozent), die aus der Bundesrepublik ausgeführt werden, forschungsintensiv ist. Langfristig wird die EG ihre Ausgaben für Forschung und Entwicklung erhöhen müssen, sofern sie mit den USA und besonders Japan auch weiterhin Schritt halten will.

Die Zusammenarbeit in der Forschung fördert außerdem die Kooperation bei konkreten Projekten. Jüngstes Beispiel hierfür sind der Bau neuer Kernkraftwerke und die Sanierung der alten in den neuen Bundesländern. Belgien, Deutschland, Frankreich und Großbritannien wollen diese Aufgabe gemeinsam angehen. Laut einer Erklärung vom April 1991 möchten die vier Länder „alles daransetzen, die mittel- und osteuropäischen Länder dabei zu unterstützen, ihre kerntechnischen Anlagen auf ein in der EG übliches Sicherheitsniveau zu bringen." Wirtschaftsminister Jürgen Möllemann und Forschungsminister Heinz Riesenhuber würdigten in einer Presseerklärung die verstärkte Zusammenarbeit als „eine gute Chance für die deutschen Unternehmen, auf dem europäischen Binnenmarkt neue Kooperationsmöglichkeiten zu nutzen".

**Zusammenarbeit in der Forschung fördert Kooperation**

### 5.6.1 Aktuelle Technologie- und Forschungsprogramme

EUREKA
ist ein europäisches Hochtechnologieprogramm, das auf eine Initiative der Deutschen und der Franzosen aus dem Jahre 1985 zurückgeht. Das Programm greift über die EG hinaus: 18 Staaten aus EG und EFTA, die Türkei und die EG-Kommission nehmen daran teil. Mit über acht Milliarden Mark werden 165 Projekte finanziert bzw. gefördert. Ziele des Programms sind die langfristige Steigerung der Produktivität und der Wettbewerbsfähigkeit der beteiligten europäischen Länder auf dem Weltmarkt.

ESPRIT
ist ein europäisches Strategieprogramm für Forschung und Entwicklung im Bereich der Informationstechnologie (European Strategic Program for Research and Development in Information Technology). Die Informationstechnologie gehört zu den wachstumsintensivsten Branchen: Die jährlichen Zuwachsraten liegen zwischen 15 und 25 Prozent. Experten gehen davon aus, daß in den 90er Jahren die Informationstechnologie wichtiger sein wird als der Automobilbau. Grund genug für die Europäer ihre Forschung auf diesem Gebiet zu intensivieren. Schwerpunkte von ESPRIT sind die Mikroelektronik, Informationsverarbeitungssysteme sowie der gesamte Bereich des Computer Integrated Manufacturing (CIM). Für viele kleinere Unternehmen in dieser Branche ist die Beteiligung am ESPRIT-Programm eine Möglichkeit, eine breitere Forschungstätigkeit zu entfalten.

**Wachsende Informationstechnologie**

SCIENCE
dient der Zusammenarbeit und dem Austausch in der wissenschaftlichen und technologischen Forschung und der Angleichung des Wissenstandes in den verschiedenen Ländern der Gemeinschaft. SCIENCE be-

zieht alle Felder von Wissenschaft und Technologie ein. Mit dem Programm soll ein breiterer Austausch zwischen Instituten und Universitäten innerhalb Europas erreicht werden. Gemeinsame Forschungsstellen und -projekte sind ein weiteres Ziel. Wissenschaftlern solle es ermöglicht werden, im europäischen Ausland zu arbeiten. Zu diesem Zweck vergibt die EG an Wissenschaftler Stipendien, an Forschungseinrichtungen Beihilfen.

COMETT

Die Kommission hat für das „Programm zur Zusammenarbeit von Hochschulen und Wirtschaft zur Aus- und Weiterbildung im Technologiebereich" 1988 vier Hauptziele festgelegt:

- Verbesserung des Ausbildungsangebots auf lokaler, regionaler und nationaler Ebene,
- Förderung der Partnerschaft zwischen Hochschule und Wirtschaft im Sinne einer europäischen Dimension,
- gemeinsame Entwicklung von Ausbildungsprogrammen,
- Erhöhung des Ausbildungsniveaus im Verein mit der Förderung des Mittelstands und der Gleichstellung von Frau und Mann.

Angesprochen werden mit COMETT Studenten und hochqualifizierte Angestellte oder Ausbilder aus Unternehmen.

RACE

Das seit 1988 laufende Programm befaßt sich mit Forschung und Entwicklung bei den Kommunikationstechnologien. Letztliches Ziel ist ein integriertes Breitbandkommunikationssystem in der EG.

BRITE

ist mit Grundlagenforschung und der Anwendung neuer Technologien befaßt, wozu auch die Erforschung neuer Werkstoffe zählt, Lasertechnik, neue

Schweiß- und Klebverfahren, Prüfverfahren und automatische Fertigungstechniken. Firmen, Universitäten und Institute sollen zu grenzüberschreitender Aktivität angeregt werden.

DRIVE
soll bei der Entwicklung „spezieller Sicherheitssysteme" für den Straßenverkehr und intelligenter Fahrzeuge in Europa helfen.

DRIVE kann mit dem EUREKA-Projekten zum Verkehr — Prometheus, Europolis, Caminet — zusammenarbeiten. Erreicht werden soll ein effizienterer Verkehrsablauf, mehr Schutz und Sicherheit im Verkehr und eine Reduktion der verkehrsbedingten Umweltbelastung.

**Umsetzung der Forschungsergebnisse nötig**

Alle Programme stellen nur die Basis für eine gemeinsame Technologie- und Forschungspolitik dar. Es gilt, sie mit Inhalten zu füllen. Der nächste Schritt ist die Umsetzung der Forschungsergebnisse. Zum Teil ist dies schon geschehen: Airbus, Raumfahrt, Kerntechnik, Hochgeschwindigkeitszüge. Doch bis alle EG-Mitglieder einen ähnlichen Stand von Wissenschaft und Technologie erreicht haben, werden noch einige Jahre vergehen.

### 5.6.2 Europäische Raumfahrt von morgen

Europa ist heute die dritte Raumfahrtmacht. Aus den bescheidenen Anfängen der 70er Jahre entwickelte sich ein zukunftsweisendes europäisches Raumfahrtkonzept. Schon heute steht Europa den USA als ebenbürtiger Konkurrent gegenüber: Bisher wurden 22 wissenschaftliche Satelliten bzw. Raumsonden entwickelt und Anwendungssatelliten zur Wetterbeobachtung und zur Kommunikation erfolgreich in die Umlaufbahn gebracht. 50 Prozent der weltweiten kommerziellen Trägerstarts werden vom europäischen Trägersystem ARIANE übernommen.

Nur zögerlich und hauptsächlich auf Initiative der Wissenschaft — die Industrie mußte erst überzeugt werden — kam die europäische und damit die deutsche Raumfahrt in Schwung. Heute ist die deutsche Industrie bei einigen Projekten sogar federführend und hat von den Aufträgen der europäischen Raumfahrtorganisation ESA (European Space Agency) besonders profitiert. Mehr Mittel sind in die deutsche Industrie zurückgeflossen als Deutschland Beiträge aufbrachte. Gegenwärtig liegt der Überschuß bci ctwa 200 Millionen Mark. Mehr als 300 Firmen sind heute Auftragnehmer der ESA. Außerdem strahlt der Nutzen der Raumfahrtforschung auch in andere Bereiche von Wirtschaft und Industrie aus. Nach einer Studie der Universität Straßburg lag der wirtschaftliche Nutzeffekt der ESA-Aufträge beim Dreifachen der aufgewendeten Mittel.

**ESA**

Der wichtigste Schritt Europas in Richtung Raumfahrt war die Gründung einer gemeinsamen europäischen Raumfahrtorganisation, der ESA. Die 1980 gegründete ESA, in der Belgien, Dänemark, Deutschland, Frankreich, Großbritannien, Irland, Italien, die Niederlande, Norwegen, Österreich, Schweden, die Schweiz und Spanien zusammengeschlossen sind, hat die europäische Entwicklung strukturiert, koordiniert und die Marschrichtung ins 21. Jahrhundert bestimmt. Eine Aufgabe, die ein einzelnes europäisches Land nie hätte leisten können. Kein Land allein wäre in der Lage, die für die Entwicklung, den Bau und den Start von Raketen, Satelliten und Weltraumlabors nötigen immensen finanziellen Mittel bereitzustellen. Ohne das gemeinsame Engagement der Europäer in der Raumfahrt wäre Europa heute in der Telekommunikation und in weiten Teilen von Forschung und Wis-

**ESA nur durch europäisches Zusammenwirken möglich**

senschaft auf fremde Hilfe angewiesen oder das Schlußlicht der Welt.

1991 wurden die beiden Großprojekte der ESA für die Zukunft — COLUMBUS und HERMES — endgültig beschlossen. Die Pläne sind bereits fertig. Das dritte Großprojekt, das bereits offiziellen Segen erhalten hat — das Trägersystem ARIANE 5 — kommt gut voran. An diesem Programm ist die Bundesrepublik mit 22 Prozent der Kosten beteiligt. Beim Raumgleiter HERMES liegt der deutsche Anteil bei 27 Prozent und beim COLUMBUS-Programm gar bei 38 Prozent, da die Bundesrepublik bei diesem Projekt Systemführer ist. Bis 1994 wird Deutschland für alle drei Projekte zusammen etwa acht Milliarden Mark bezahlen. Insgesamt wird ein Fünftel des Haushalts des Bundesforschungsministeriums für die Raumfahrt ausgegeben; 1991 waren das 1,5 Milliarden Mark. In einem Interview mit der Stuttgarter Monatszeitschrift EUROPA wies Forschungsminister Dr. Heinz Riesenhuber auf den vielfältigen Nutzen der Raumfahrt hin: „Es gibt Bereiche, die sich wirtschaftlich rechnen, so zum Beispiel die Telekommunikation, wo gerade im Augenblick Satelliten wesentlich dazu beitragen, den Telefonverkehr zwischen den neuen und den alten Bundesländern zu verbessern. Die Wettervorhersage anhand des Satellitenbildes ist schon Routine geworden. Von zunehmender Bedeutung ist die großräumige Beobachtung der Umwelt, der Meere, der Polarregionen. Der wissenschaftliche Beitrag der Raumfahrt liefert uns Aufschluß über unser Sonnensystem, über unsere Galaxie, über den gesamten Kosmos. Ich möchte hier nur auf so brillante Projekte verweisen wie den deutschen Röntgensatelliten ROSAT, der 1990 gestartet wurde, auf die faszinierenden Bilder, die wir vom Halleyschen Komet durch die GIOTTO Sonde bekommen haben. In Mark und Pfennig läßt sich das natürlich nicht ausdrücken." Minister Riesenhuber sieht weiteren Nutzen in der internationalen Zusammenarbeit zwischen den europäischen Staaten in der ESA, aber auch mit den USA und in zunehmendem Maße mit der Sowjetunion.

**Nutzen durch internationale Zusammenarbeit**

COLUMBUS

ist der europäische Beitrag zu einer internationalen Raumstation, die 350 Kilometer über der Erde errichtet werden soll. Das Programm umfaßt ein angedocktes Labor (APM), ein freifliegendes Labor (MTFF) und eine polare Plattform (PPF). Die angedockte Station wird bemannt sein. Astronauten können dort unter stark verringerter Schwerkraft Experimente durchführen. Das freifliegende Labor wird von Astronauten des europäischen Raumflugzeugs HERMES gewartet, das das Labor regelmäßig anfliegen wird. 1997 startet die polare Plattform mit ARIANE 5. Sie soll die Erde auf einer über die Pole führenden Umlaufbahn umkreisen und wichtige Daten für die Klimaforschung und über Meeres- und Eisregionen liefern. Auch eine wiederverwendbare europäische Plattform (EURECA) ist Teil der geplanten Raumstation.

**Raumflugzeug HERMES**

ARIANE 5 und HERMES

1995 sollen vom Raumfahrtzentrum Kourou in Französisch-Guayana aus die europäische Trägerrakete ARIANE 5 und das mit ihr startende Raumflugzeug HERMES abheben.

Seit dem Start des ARIANE-Programms 1973 wird dies die fünfte ARIANE-Generation sein. Die Nutzlast wurde von anfangs 2000 Kilogramm auf 8000 Kilogramm gesteigert. ARIANE 4 bietet die Wahl zwischen zwei oder vier Zusatzraketen und zwischen Fest- oder Flüssigtreibstoff. Das bedeutet, daß ARIANE dem jeweiligen Auftrag angepaßt werden kann. Die Startkosten sind infolgedessen von der Nutzlast abhängig. ARIANE 5 wird noch stärker und noch vielseitiger sein. Sie wird sogar Menschen befördern können.

Zu diesem Zweck wird das Raumflugzeug HERMES mit eigener Antriebseinheit auf ARIANE 5 aufgesetzt. Der erste bemannte Flug soll bereits 1997 stattfinden. Für die bemannte Raumfahrt werden übrigens nur 25 bis 30 Prozent der ESA-Mittel ausgegeben.

HERMES soll vor allem für die Instandhaltung des freifliegenden COLUMBUS-Labors eingesetzt werden, das eine Lebensdauer von 30 Jahren hat. Zu diesem Zweck ist HERMES mit einem Roboterarm (HERA) ausgerüstet, der für Tätigkeiten im Raum vorgesehen ist. Ausgestattet mit mehreren Kameras und Sensoren, mit denen er dem operierenden Besatzungsmitglied sein Arbeitsumfeld plastisch darstellt, wird er das Risiko für die Astronauten durch Aufenthalte im All minimieren.

ARIANE hat seit 1981 Aufträge für 63 Satellitenstarts erhalten. Diese Aufträge stellen einen Gesamtwert von etwa 3,2 Milliarden US-$ dar. Pro Jahr werden weltweit etwa 20 Satelliten ins All transportiert, 50 Prozent davon mit ARIANE.

# 6 Was viele von Europa befürchten

Kritik und Unzufriedenheit mit der Europäischen Gemeinschaft gab es von Anfang an. Der Bürokratenapparat in Brüssel, die Agrarpolitik mit Milchseen und Butterbergen . . . vieles rief harte Kritik hervor. Speziell die Deutschen sahen und sehen sich oft als Zahlmeister des Kontinents. Margaret Thatchers in vielen Bereichen unnachgiebige und nur auf den nationalen Vorteil bedachte Haltung ließen die Zweifel vieler Menschen an der Gemeinschaft der Europäer weiter wachsen. Trotzdem überwiegt die Einsicht in die Notwendigkeit eines gemeinsamen Europas. Allerdings haben die Öffnung der Grenzen der Länder Osteuropas und die bevorstehende Vollendung des Binnenmarktes neue Probleme und Ängste aufgeworfen. Viele Länder befürchten durch eine zu schnelle Erweiterung der EG wirtschaftliche und soziale Schwierigkeiten. Die Bürger der EG haben Angst vor negativen Entwicklungen beim Arbeitsplatzangebot, bei der sozialen Sicherheit. Sie erwarten mit dem Wegfall der Binnengrenze verstärkte Drogenprobleme, erhöhte Kriminalität und nicht zuletzt den Verkehrskollaps in Städten und auf Transitrouten.

**Konkrete Gefahren durch Wegfall der Grenzen?**

Wie schon erwähnt, wurde in den letzten Jahren großer Wert darauf gelegt, Rechte der Arbeitnehmer zu wahren, die Sozialgesetzgebung anzugleichen, ebenso die Maßnahmen im Umweltschutz. Trotzdem können die Organe der EG letztlich nur so viel durchsetzen, wie die einzelnen Mitgliedstaaten mittragen. Die schönsten Richtlinien nützen nichts, wenn sie in der nationalen Gesetzgebung nur zögernd umgesetzt oder durch Ausnahmeregelungen quasi aufgehoben werden.

Viele Befürchtungen haben so betrachtet ihre Berechtigung. Andere Ängste entspringen Vorurteilen verhaftetem Denken nach dem Motto „Wer weiß, ob die anderen das alles richtig machen?" Die EG ist dabei, die negativen Auswirkungen des Binnenmarktes abzuschätzen und nach Möglichkeit einzudämmen, aber es bedarf dazu der Unterstützung durch alle Mitgliedsländer.

## 6.1 Social dumping

Eine der großen, ernstzunehmenden Befürchtungen, die Arbeitnehmer, aber auch Städte und Gemeinden, im Hinblick auf die Vollendung des Binnenmarktes hegen, hängt mit dem Wohlstandsgefälle und dem unterschiedlichen Grad der Industriealisierung in den verschiedenen Mitgliedstaaten zusammen. Besonders die Arbeitnehmer in den reicheren EG-Ländern haben Angst vor der Konkurrenz der — übertrieben ausgedrückt — Billiglohnländer wie zum Beispiel Irland, Portugal und einigen Regionen in anderen Ländern, die zudem noch von besonderen Wirtschaftsförderungsmaßnahmen profitieren. Das Paradebeispiel ist hier Nordirland: Ein ganzes Maßnahmenbündel, das von einer niedrigen Gewerbekapitalsteuer bis zur anteiligen Finanzierung von Gebäude- und Personalentwicklungskosten bei Firmenneugründungen reicht, versüßt den Unternehmen die Ansiedlung in der terror-geplagten Region. Wie in Nordirland sind auch in Wales, der Republik Irland und Portugal die Lohn-, speziell die Lohnnebenkosten, sowie Energie- und Telefonkosten und Immobilienpreise in der Regel weitaus niedriger als in Deutschland oder Frankreich, Luxemburg oder Holland. Die Lohnnebenkosten in Nordirland liegen bei etwa 32,5 Prozent — eine Zahl, von der deutsche Unternehmen nur träumen können.

**Arbeitnehmerängste**

Natürlich gehen die niedrigen Kosten zu Lasten der sozialen Absicherung der Arbeitnehmer.

Trotzdem ist es fraglich, ob der Binnenmarkt tatsächlich einen so gewaltigen Investitionsboom in den „Billiglohnländern" auslösen wird. Immerhin bestehen die Vorteile für Neugründungen, niedrige Kosten und Steuern nicht erst seit heute. Die ganzen letzten Jahre hindurch haben deutsche und andere Firmen in den genannten Ländern investiert — nicht immer zu ihrem Vorteil. Mentalitätsunterschiede, unterschiedliches Ausbildungsniveau, rechtliche Komplikationen und Schwierigkeiten mit den Gewerkschaften vor Ort und zu Hause können Reibungspunkte sein.

In Nordirland haben im Moment über 200 ausländische Firmen investiert, die 55 000 Menschen beschäftigen. Trotzdem liegt die Arbeitslosenquote in einigen Gebieten bei über 50 Prozent. Von etwa 700 000 Arbeitskräften sind 100 000 ohne Job.

Die Entscheidung für einen Unternehmensstandort hängt mitnichten nur vom Kostenniveau ab, sondern auch von der Infrastruktur, Verkehrs- und Vertriebswegen, Ausbildungsstand der Arbeitskräfte und vom Zulieferwesen. Für kleinere Unternehmen erweist sich auch die — zumindest anfangs — nötige Reisetätigkeit sowie mangelnde Kenntnis der Landesgepflogenheiten, des Arbeitsrechts und der Sprache als Hindernis. Das wird sich auch im Binnenmarkt nicht von heute auf morgen ändern. Außerdem: Je mehr die Harmonisierungsbemühungen der Gemeinschaft greifen, desto geringer werden die Unterschiede zwischen den Mitgliedstaaten. Auch die Gewerkschaften sind eine nicht zu unterschätzende Macht im Kampf um Harmonisierung. Einige Firmen mußten bereits erfahren, daß sich die Gewerkschaften und Betriebsräte in den deutschen Werken auch für Dinge, die bei Auslandstöchtern vor sich gehen, verantwortlich fühlen und mitreden möchten.

**Macht der Gewerkschaften**

Es ist auch nicht einzusehen, weshalb stärkere Konkurrenz nicht positive Seiten haben sollte. Am Beispiel der Kritik an der Exportpraxis deutscher Firmen während der Golfkrise hat sich ein Manko in der Gesetzgebung in der Bundesrepublik gezeigt, das Anlaß zu Überlegung und Aktivität sein sollte: Die Exportbestimmungen — und nicht nur sie — sind derart dehnbar und vielfältig, daß vor allem kleinere Unternehmen kaum eine Chance haben, sämtliche Bestimmungen zu kennen und zu beachten, es sei denn, sie würden einen Spezialisten beschäftigen. Als Folge des Schauspiels im Zusammenhang mit der Golfkrise wurde aber nicht etwa die Gesetzgebung vereinfacht, sondern Exporte von Maschinenbauerzeugnissen werden von den Behörden jetzt so genauer Prüfungen unterzogen, daß eine termingerechte Lieferung ins Ausland kaum noch möglich ist. Der Zeit- und Kostenaufwand um eine Maschine zu exportieren, von der nachgewiesen werden muß, daß sie auf keinen Fall zu militärischen Zwecken verwendbar ist, macht das Geschäft von vornherein unrentabel.

Vielleicht verhilft hier der Konkurrenzdruck des Binnenmarkts zu der Einsicht, daß klarere Vorschriften und damit eine zügigere Bearbeitung nötig sind.

Ein anderer Punkt, der für die Bundesrepublik einen Standortnachteil darstellt, ist die enorm lange Zeitspanne, die zwischen der Planung eines Industrieprojekts und dessen Ausführung liegt. Eine Fabrik, die 1985 konzipiert wurde und 1993 errichtet wird, ist bereits beim Bau veraltet.

Sicher wäre es kein Schaden, wenn sich Gesetzgeber, Gemeinden, Städte und Länder Gedanken darüber machen würden, was sie den Unternehmen als Standortvorteile bieten können. Es gibt genug Argumente, die für den Standort Bundesrepublik sprechen: hochqualifizierte Arbeitskräfte, gute Infrastruktur, ein effizientes Zulieferwesen aus Klein- und mittelständi-

**Standortvorteile für Unternehmen prüfen**

schen Betrieben, hohe Kaufkraft und Lebensqualität. Anstatt zu jammern, sollten sich zum Beispiel die Deutschen auf die Dinge besinnen, die den guten Ruf von Produkten „made in Germany" geprägt haben: Ideenvielfalt, pünktliche Lieferung, ausgezeichnete Qualität.

Die Bundesrepublik und die anderen hochindustrialisierten EG-Länder sind keine Billiglohnländer und werden in Zukunft keine sein. Das ist auch nicht wünschenswert. Erstrebenswert ist eine Angleichung des Wohlstandsniveaus und damit auch der Löhne, Steuern, Lebenshaltungskosten etc. Dieses Ziel kann nur erreicht werden, wenn die EG-Länder zusammen- und nicht gegeneinander arbeiten. Wenn sich die industrielle Entwicklung in den ärmeren Mitgliedstaaten beschleunigt und der Standard des technischen Knowhow angehoben wird, wächst im selben Maße der Wohlstand der Bevölkerung. Die Basis für die Ansiedlung von Industrie- und Wirtschaftsunternehmen wird breiter und der in den reicheren Ländern ähnlicher. Die durch niedrige Kosten bedingten Standortvorteile werden verschwinden.

## 6.2 Drogenproblem: Binnenmarkt der Dealer

Die Zahl der Drogentoten steigt unaufhaltsam. In den letzten fünf Jahren hat sich die Zahl der Drogentoten im Gebiet der alten Bundesrepublik fast verfünffacht. 1990 starben 1 480 Menschen an den Folgen des Drogenkonsums. Im Vergleich zum Vorjahr eine Steigerung um 49 Prozent. Um etwa 50 Prozent stieg auch die Menge des sichergestellten Rauschgifts: 3,4 Tonnen harte Drogen wurden sichergestellt.

Doch Deutschland hat bei weitem noch nicht die größten Probleme. Frankreich, Italien und Spanien haben

**Binnenmarkt der Dealer?**

gravierendere Schwierigkeiten. Der „Untersuchungsausschuß zum Drogenproblem in den Mitgliedstaaten der EG", der vom Europäischen Parlament eingesetzt wurde, geht in seinem Abschlußbericht von insgesamt 1,5 Millionen Drogenkonsumenten in Europa aus. Die Liste wird angeführt von Italien mit bis zu 200 000 Konsumenten, gefolgt von Spanien und Frankreich mit um die 100 000. An vierter Stelle steht Deutschland mit bis zu 80 000 Drogenabhängigen. Experten schließen jedoch eine weit höhere Dunkelziffer nicht aus.

Angesichts dieser Zahlen sowie der steigenden Anzahl von Rauschgift-Erstkonsumenten (1990 haben über 10 000 Leute in der Bundesrepublik erstmals harte Drogen probiert) wird Eltern und Drogenfahndern Angst und Bange, wenn sie an den Binnenmarkt denken. Ohne Grenzkontrollen können sich die Dealer und Vertreter der Rauschgiftkartelle in ganz Europa frei und ohne Angst bewegen, so die Befürchtungen.

### 6.2.1 Der europäische Drogenmarkt

Diese Ängste haben einen realen Hintergrund. Führt doch das Rauschgift noch immer die Hitliste der geschmuggelten Waren an den deutschen Grenzen an. Die seit geraumer Zeit abgebauten Grenzkontrollen zwischen Deutschland und Frankreich zeigen exemplarisch, daß die Kontrollen der Zollfahndung im Blick auf das Rauschgift ihre volle Berechtigung haben. So beschlagnahmte das Zollamt Freiburg 1987 noch 400 Kilogramm Cannabis-Erzeugnisse, 1990 war es nur noch ein Bruchteil: 53 Kilogramm. Die Zollfahnder sehen dies als Ergebnis der reduzierten Grenzkontrollen: „Das Risiko des Entdecktwerdens wird als sehr gering eingestuft."

Wollen die europäischen Fahnder im Kampf gegen die Rauschgiftkartelle nicht völlig chancenlos sein, müssen die Kontrollen an den Außengrenzen der Gemeinschaft und auf Flughäfen und Häfen intensiviert werden. Den Informationsaustausch und die Kooperation zwischen den nationalen Polizeibehörden und auf internationaler Ebene gilt es zu verbessern. Internationale Drogenringe müssen auf internationaler Ebene bekämpft werden. Experten gehen davon aus, daß dem Drogenhandel langfristig auf nationaler Ebene sowieso nicht beizukommen ist.

In Europa wird sich der Kampf um Anteile auf dem Drogenmarkt verschärfen. Denn: weltweit werden in Europa die höchsten Gewinne erzielt. Hier, nämlich bei den Gewinnen, setzt die jüngste Initiative der EG-Länder an: Die „Wäsche" von illegal verdientem Geld — sei es aus dem Drogenhandel oder anderen nicht legalen Geschäften — wird erschwert. In den Vereinigten Staaten müssen seit Mitte 1990 Bareinzahlungen von über 10000 Dollar den Behörden gemeldet werden. Die EG-Finanzminister haben sich geeinigt, daß Bareinzahlungen ab 15 000 ECU gemeldet werden müssen. Somit wurde eine Regelung geschaffen, die die vorsätzliche Geldwäsche unter Strafe stellt. Die Zusammenarbeit funktioniert bereits, wie die Aufdeckung eines Camorra-Rings zeigt, der versuchte, über die Kontrolle von Spielbanken in verschiedenen Ländern sein schmutziges Geld aus dem Rauschgifthandel, aus Erpressung und anderen kriminellen Aktivitäten reinzuwaschen. Die französische und die italienische Polizei ermittelten zwei Jahre lang in enger Zusammenarbeit und konnten im April 1991 der Bande des „Don Michele" aus Neapel das Handwerk legen.

**Verschärfter Kampf um Anteile auf dem Drogenmarkt**

Die deutsche Regierung hat im Frühjahr 1991 die Verhängung strengerer Strafen gegen Drogenhändler ermöglicht und die Arbeit verdeckter Ermittler legalisiert. Durch den Einsatz dieser Beamten und den im

Schengener Abkommen getroffenen Vereinbarungen über die Zusammenarbeit der Polizeiorgane (siehe Kapitel 4.1) sowie eine strengere Kontrolle der Außengrenzen läßt sich ein Teil des durch den Wegfall der Grenzkontrollen verlorenen Terrains wiedergutmachen. Ein übriges wird die geplante Europäische Drogen-Fahndungseinheit tun

### 6.2.2 Drogen made in Europe

Im übrigen wird es kaum zu vermeiden sein, daß es einen europäischen Binnenmarkt für Drogen gibt — genauso wie es einen amerikanischen Markt gibt. Deutschlands Rolle im internationalen Drogenhandel ist seit der Öffnung der osteuropäischen Länder nach Westen als Umschlagplatz für Osteuropa neu definiert. Obwohl jahrelang unter den Teppich gekehrt, gehen Experten davon aus, daß bereits zu Zeiten des Sozialismus in Polen bis zu 200 000 Menschen Betäubungsmittel zu sich nahmen, in der UdSSR etwa 50 000, in Ungarn bis zu 20 000. Die Rauschgifthändler werden sich jetzt mit Volldampf den neuen Markt erschließen.

**Gefahr durch „Designer-Drogen"**

Besonderes Augenmerk müssen die Europäer auf die Rauschgiftherstellung in Europa selbst richten. Entsprechend dem Zeitgeist kommen immer mehr die sogenannten Designer-Drogen in Mode. Diese synthetischen Drogen können in der Küche oder in Hinterhoflabors ohne großen Aufwand und kostengünstig hergestellt werden. Die Zutaten sind meist chemische Grundstoffe oder Tabletten, die leicht zu beschaffen sind. „Mit Chemikalien im Wert von 500 Mark", so Drogenexperte Berndt Georg Thamm, „kann man Amphetamin im Schwarzmarktwert von 80 000 Mark herstellen." Die synthetischen Drogen sind hochwirksam, man braucht keine Spritzen, ein Schmuggeln auf den europäischen Kontinent entfällt. Unter so phantasievollen Namen wie „Angel Dust" finden die neuen Drogen in den leistungsorientierten Gesellschaften der Industrieländer reißenden Absatz. Ihre Gefährlichkeit wird häufig unterschätzt. Ständig werden in den letzten Jahren Waschküchenlabors zur Herstellung synthetischer Drogen von der Polizei ausgehoben. Kurze Zeit später taucht sozusagen um die Ecke ein neues auf.

Ein weiteres Problem ist die mit dem Rauschgiftkonsum einhergehende Beschaffungskriminalität. Zur Finanzierung ihrer Sucht begehen die Abhängigen Diebstähle, Raubüberfälle, ja sogar Morde. In Berlin zum Beispiel, stehen bereits 50 Prozent der Diebstähle in Zusammenhang mit Drogen.

Neben verstärkter Ermittlungsarbeit wird im Kampf gegen die Drogen mehr und mehr auf Information und Vorbeugung gesetzt. Einmalig in Europa betätigt sich das Landeskriminalamt Baden-Württemberg schon seit Jahren nicht nur in der Strafverfolgung — der eigentlichen Aufgabe der Polizei —, sondern in der Vorbeugung. Die „Drug-Stop-Discos" des LKA finden bereits Nachahmer in anderen Bundesländern, in Europa und den USA. Auf den Disco-Veranstaltungen, die von Discjockeys und Polizisten gemeinsam moderiert werden, erhalten junge Leute im Drogen-Einstiegsalter Informationen zum Thema Rauschgift.

## 6.3 Grenzenlose Kriminalität

Ähnlich wie beim Drogenhandel wird es auch für das Verbrechen einen gemeinsamen Markt geben. Grenzen mit Kontrollen haben immer eine abschreckende Wirkung. Wenn die Grenzen fallen, werden sie für das Verbrechen durchlässig. Der logische Schluß, den man

**Supranationale Polizeitruppe schaffen**

daraus ziehen muß, ist der Aufbau einer supranationalen schlagkräftigen Polizeitruppe unter einem einheitlichen Kommando, die die Aufgaben übernehmen muß, die für die nationalen Behörden nicht mehr zu schaffen sind. Die europäische Stelle von Interpol könnte die Basis für eine solche Institution bilden. Die Zusammenarbeit der verschiedenen nationalen Polizeibehörden wird sich mit dem Binnenmarkt verbessern müssen. Die Grundlagen hierfür sind bereits geschaffen: So kennt zum Beispiel die polizeiliche Verfolgung von Straftätern in vielen Fällen in den Ländern, die das Schengener Abkommen unterzeichnet haben, keine Grenzen mehr. Weitere Länder möchten dem Abkommen beitreten. Die bestehenden Verträge zwischen verschiedenen Ländern über Auslieferung von Straftätern und Amtshilfe sowie die Zusammenarbeit zwischen den Strafverfolgungsbehörden und im Rahmen von Interpol dürften ausreichen, um den erreichten Standard bei der Verbrechensbekämpfung und -verfolgung aufrechtzuerhalten.

Zudem sind die Verbrechensstatistiken der verschiedenen EG-Länder so unterschiedlich nicht. Es ist nicht so, daß in einem Land besonders viel gestohlen wird, im anderen besonders viele Totschlagsdelikte vorkommen. Zudem gehen Experten davon aus, daß sich die offenen Grenzen bei der Masse der Delikte, die im Bereich von Diebstahl, Raub, Körperverletzung und ähnlichen Dingen liegt, nicht oder nur sehr wenig auswirken werden. Ein Dieb aus Frankfurt oder ein Einbrecher aus Mannheim wird kaum anfangen, sein Gewerbe in Italien oder London zu betreiben. In der Regel fühlt er sich in der vertrauten Umgebung am wohlsten. Dort hat er Kontakte, Kenntnisse der Szene und Unterschlupfmöglichkeiten. Bei den Bandenverbrechen und der Wirtschaftskriminalität in großem Maßstab waren die Grenzen schon immer durchlässig. Die Drahtzieher sind häufig hochqualifizierte Spezialisten, und es geht nicht um 10000 oder 100000 Mark, sondern um Millionen oder gar Milliarden. Die Verflechtungen in diesem Bereich von Verbrechen sind schon heute international. Sie werden auch oft nicht durch die Polizei aufgedeckt, sondern durch die mühsame Ermittlungsarbeit von Finanzbeamten.

Ähnlich wie in den meisten anderen Bereichen wird es für die EG auch hier darauf ankommen, ihre Gesetze anzugleichen und die Zusammenarbeit innerhalb der Gemeinschaft zu verstärken.

## 6.4 Der Verkehrskollaps

Schon heute versinken die großen europäischen Städte im Abgasdunst. Immer mehr Stadtbewohner ziehen in die Umgegend der Städte, weil das Leben in der City durch Autos, Lärm und Gestank kaum noch lebenswert ist. Weil die Kinder keine Bewegungsfreiheit mehr haben und die Freizeitmöglichkeiten fehlen. Die Folge sind endlose Pendlerströme, die sich jeden Morgen in die City und die Industriegebiete wälzen und am Abend in umgekehrter Richtung in die Wohngebiete. Der öffentliche Nahverkehr scheint nicht in der Lage zu sein, der Attraktivität des motorisierten Individualverkehrs etwas entgegenzusetzen.

Nicht viel besser sieht es auf den Transitrouten aus. Immerhin werden in der EG durchschnittlich 60 Prozent des Güterverkehrs über die Straße abgewickelt, in Spanien, Dänemark, Großbritannien, Griechenland und Irland sogar über 90 Prozent. Besonders die Alpen, seit Jahren mit dem Schwerlast- und Urlaubsverkehr überlastet, treiben nach Meinung von Umweltschützern und Experten dem Kollaps entgegen. Österreich und die Schweiz, beide noch keine EG-Mitglieder, versuchen mit drastischen Maßnahmen — Beschränkung auf 28 Tonnen, Nachtfahrverboten und

**Alpenverkehr überlastet**

ähnlichem — des Verkehrschaos Herr zu werden. Doch hier helfen nur gesamteuropäische Lösungen, denn die verkehrstechnische Planung des Alpentransits für das nächste Jahrtausend beginnt in Norwegen und endet in Spanien und der Türkei.

### 6.4.1 Beispiel Alpentransit

Nach Vollendung des europäischen Binnenmarktes 1993 rechnen Verkehrsexperten mit einer Zunahme des Güterverkehrs um 40 Prozent. Im Jahre 2010 werden wahrscheinlich 140 Millionen Tonnen Güter über die Alpen befördert werden. Der Güterverkehr zwischen Ost- und Westeuropa wird mit Sicherheit weiterwachsen. Allein für die Bundesrepublik wird bis zum Jahr 2000 ein jährliches Wachstum im Transportaufkommen von drei Prozent erwartet. Schon heute werden am Frankfurter Kreuz täglich fast 250 000 Fahrzeuge gezählt, darunter 15 000 Lkw. Hinzu kommt ein weiteres Anwachsen des Individualverkehrs. Das Auto wird mehr und mehr zum Freizeitgerät, was die Beliebtheit der Offroadfahrzeuge und Cabrios beweist. So wird der Pkw-Bestand in der Bundesrepublik bis zum Jahre 2000 schätzungsweise auf über 35 Millionen ansteigen, ein Plus von mehr als fünf Millionen Fahrzeugen in zehn Jahren. In der Bundesrepublik hat der Verkehr mittlerweile einen Anteil von mehr als 25 Prozent am Endenergieverbrauch. Vor zwanzig Jahren waren es noch 17 Prozent. Zu 86 Prozent sind die Verbraucher der Individual- und der Güterverkehr. Außerdem ist der Straßenverkehr für einen großen Teil der Luftverschmutzung verantwortlich: Fast drei Viertel des Kohlenmonoxidausstosses und über die Hälfte des Stickoxidausstoßes kommen aus den Auspuffrohren.

**Probleme durch Anwachsen des Individualverkehrs**

Die EG kommt mit einer gemeinsamen Verkehrsplanung nur langsam voran. Nicht die Normierung der

Maße und Gewichte oder die verkehrsspezifischen Abgaben und Steuern sind die dringlichsten Probleme, sondern ein gesamteuropäisches Verkehrskonzept, das vor allem dem Nord-Süd-Verkehr über die Alpen eine realistische Perspektive bietet.

**Gemeinsame EG-Verkehrsplanung zu langsam**

Pro Jahr überqueren etwa eine Million Brummis die Alpen im Italienverkehr von bundesdeutschen Straßen aus. Die leerfahrenden Trucks sind dabei noch gar nicht mitgezählt. Ebensowenig der alpenüberquerende Verkehr, der von anderen europäischen Ländern (Frankreich, Jugoslawien etc.) ausgeht. Österreich, speziell das Bundesland Tirol, ist vom Transitverkehr am stärksten betroffen. Wegen zahlreicher Reglementierungen in der Schweiz bevorzugen die Brummifahrer den Weg über Österreich. Nach einer Untersuchung der Tiroler Landesregierung sind 25 Prozent des Straßengütertransitverkehrs durch Tirol sogenannter „Umwegtransit. Darunter versteht man jenen Güterverkehr, der zum Teil beträchtliche Umwege in Kauf nimmt, obwohl es kürzere Routen zwischen der Quelle und dem Ziel gibt, die nicht durch Tirol führen. Nach einer österreichischen Statistik wurden zum Beispiel 1987 im Straßenverkehr mit Italien im Transit durch Österreich 14,1 Millionen Tonnen Güter befördert, davon gingen 13,5 Millionen Tonnen auf das Konto Bundesrepublik-Italien. Aber auch die Schweiz bleibt nicht verschont: So hat sich zum Beispiel die Zahl der Fahrzeuge, die den Gotthard-Tunnel benutzen, zwischen 1981 und 1989 auf 5,6 Millionen pro Jahr verdoppelt. Der Schwerverkehr hat sich hier seit 1981 sogar verdreifacht. Durchschnittlich 2014 Lkw passieren den Tunnel täglich. Was die Anwohner besonders erbittert: Fast die Hälfte der Lkw fährt leer. Im betroffenen Kanton Uri werden auch 90 Prozent der Stickoxide und 22 Prozent der Kohlenwasserstoffe vom Verkehr verursacht. Schweizer und Österreicher verlangen unisono eine

Verlagerung des Gütertransports auf die Schiene, doch da sieht es schlecht aus. Die bestehenden Routen und Kapazitäten reichen bei weitem nicht aus, um den Bedarf zu decken.

Die neuen Alpentransversalen, die hier Abhilfe schaffen sollen, sind geplant und teilweise begonnen. So hat Österreich mit dem zweigleisigen Ausbau der Arlbergbahnstrecke begonnen und hat auf seiner Seite der „alten" Brennerbahn die Aufweitung des Tunnels für den Huckepackverkehr fertiggestellt. Damit können die Brummis jetzt von Ingolstadt bis zum Brenner auf der Schiene fahren. Mit dem Bau der Eisenbahnumfahrung von Innsbruck und Hall können ab 1993 bis zu 400 Züge täglich in beide Richtungen fahren. Diese Umfahrung ist das erste Stück der geplanten Alpentransversale von Bayern bis in den norditalienischen Wirtschaftsraum. Der kombinierte Verkehr soll dann von München bis Verona möglich sein. Allerdings hinkt Österreichs EG-Nachbar Italien weit hinterher. Die Tunnel zwischen dem Brenner und Verona sind für die internationalen Standards zu niedrig, große Bahnhöfe wie Mailand sind auf ein Plus an Kombi-Verkehr nicht vorbereitet. In der Schweiz hat die jahrelange restriktive Haltung der Eidgenossen mehr bewegt als alle Planungen. Ein Großteil des Gütertransports geht per Bahn. Der kombinierte Verkehr (Schiene-Straße) hat sich in den letzten Jahren verdoppelt. Auf den bestehenden Routen Gotthard und Lötschberg/Simplon soll in den nächsten Jahren die Kapazität erweitert werden. Jeden Tag sollen 44 Züge mit Lkw beladen die Alpen in beiden Richtungen überqueren. Neue Tunnel sind geplant. Sie werden das größte Schweizer Bauprojekt sein und etwa 10 Milliarden Schweizer Franken verschlingen. Der neue Gotthard-Bahntunnel soll 2010 eine schnelle Verbindung zwischen Zürich und Mailand schaffen, der Lötschberg-Bahntunnel soll schon 2005 eine gute Verbindung

**Verdoppelung des kombinierten Verkehrs (Schiene/Straße)**

zwischen Bern und Italien herstellen. 2015 sollen jährlich drei bis vier Millionen Lkw die Schweiz per Bahn durchqueren. Doch Umweltschützer haben bereits Kritik an den neuen Alpentransversalen angemeldet: Sie fürchten, daß damit noch mehr Verkehr jeglicher Art in die bedrohte Bergwelt gelenkt wird.

EG-Kommissar Karel van Miert gibt denn auch zu, daß der freie Warenverkehr nur funktionieren kann, wenn das ökonomische Wachstum einhergeht mit dem Wachstum der Transportkapazitäten — und dazu sind Transportrouten nötig. Folgerichtig konzentriert sich die EG nun auf den Ausbau der Bahnstrecken. Doch die „rollenden Landstraßen" der Eisenbahnen werden den Brummifahrern erst etwas nützen, wenn Be- und Entladezeiten der Bahn, Abfahrtzeiten und Streckenangebot mit den Anforderungen von Verladern und Kunden in Übereinstimmung gebracht werden. Die Nachfrage richtet sich nach diesem Konsens.

Der Bundesverband des Deutschen Güterfernverkehrs wirft der EG vor, trotz der sattsam bekannten Probleme und ständigen Streitereien zwischen den beteiligten Ländern nie etwas Entscheidendes unternommen zu haben. „Weshalb", so fragt Wolfgang Kownatka, Sprecher des Verbands, „wurde nicht schon vor Jahren ein Euro-Korridor durch oder über die Alpen gebaut? Solch einen Korridor könnte man privatwirtschaftlich finanzieren und unterhalten lassen, und die besondere Rolle der Bahn als umweltfreundliches Transportmittel könnte von Anfang an entsprechend berücksichtigt werden."

**Vorwürfe an EG**

## 6.4.2 Chaos in der städtischen Verkehrspolitik

Nicht viel besser als auf den Transitrouten sieht es in den Städten Europas aus. Allenthalben droht der Verkehrsinfarkt, gehen uralte Kulturdenkmäler an Abgasen und saurem Regen zugrunde. Regionale Konzepte zur Verkehrsentlastung der Ballungsräume und für Verkehrsleitsysteme gibt es allenthalben, doch muß nach Ansicht von Experten alles Flickwerk bleiben, wenn es in den Ballungsräumen nicht tatsächlich gelingt, den Individualverkehr zugunsten des öffentlichen Nahverkehrs zu reduzieren.

Jüngste Erfahrungen haben jedoch gezeigt, daß ein attraktiver Nahverkehr allein die Autofahrer noch nicht zum Umsteigen bringt. Es bedarf ausführlicher Information der Bürger über Maßnahmen im Verkehrsbereich, und es bedarf vor allem einer konsequenten Förderung des öffentlichen Nahverkehrs, der Fußgänger und Radfahrer vor dem Auto.

Bei diesen Maßnahmen liegen die deutschen Großstädte nicht gerade vorn. Häufig sind die öffentlichen Verkehrsmittel derart überfüllt und haben ein derart schlechtes Angebot, daß viele das Auto vorziehen, trotz Stau. Eine Bahn im Nahverkehrsbereich, die nur alle 15 Minuten, abends nur alle 60 Minuten fährt und außerdem brechend voll ist, bringt niemanden zum Umsteigen auf die Bahn. Hier lohnt sich ein Blick über die Grenzen. Die Zürcher Bürger etwa fahren fast doppelt so häufig mit den öffentlichen Nahverkehrsmitteln wie die Bürger deutscher Großstädte — und das nicht von ungefähr.

**Öffentlichen Nahverkehr optimieren**

Das Beispiel Zürichs zeigt, daß Maßnahmen zur Verbesserung des öffentlichen Nahverkehrs durchaus Früchte tragen. Neben sehr attraktiven Angeboten des öffentlichen Nahverkehrs, die das Auto auch finanziell ins Abseits stellen, betreibt die Stadt Zürich eine Verkehrspolitik, die das Auto benachteiligt. Autofahren muß nach Ansicht des Stadtrats Ruedi Aeschbacher, „Vater" des Zürcher Verkehrskonzepts, unattraktiv, unkomfortabel und teuer werden. Dazu gehört, daß öffentliche Verkehrsmittel, Radfahrer und

Fußgänger immer und überall Vorfahrt vor den Autos haben. Außerdem muß das Autofahren in der Stadt teuer und aufwendig werden. Dies bedeutet: enge Straßen, wenig Parkplätze, keine kostenlosen Parkplätze, Verkehrsüberwachung, große Fußgängerzonen. Außerdem müssen die öffentlichen Verkehrsmittel ein Image bekommen, das dazu führt, daß Fahren mit den „Öffentlichen" in ist.

Obwohl auch die Zürcher Verkehrspolitik Rückschläge hinnehmen mußte und muß, sehen Experten das Konzept der Zürcher als sehr zukunftsträchtig. Andere Versuche mit Verkehrsleitsystemen verlagern den Verkehr vor die Tore der Städte.

### 6.4.3 Europäische Lösungen

Um den Binnenmarkt verkehrstechnisch zu bewältigen, sind also großräumige Lösungen gefragt. Neben dem Ausbau wichtiger Fernverkehrs- und Transitstrecken, wie zum Beipsiel der Ost-West-Routen und der Transitstrecke durch Jugoslawien nach Griechenland, sollen im Langstreckenverkehr in Zukunft die Bahnen und der Zugverkehr favorisiert werden. Nicht nur in den Städten soll der Individual- und Güterverkehr auf der Straße zurückgedrängt werden, sondern auch im Fernverkehr.

**Großräumige Lösungen gefragt**

Bestes Beispiel, daß dies möglich ist, ist der seit Ende 1983 zwischen Paris und Lyon verkehrende Hochgeschwindigkeitszug TGV. Nach nur sechs Jahren Betriebszeit kam bereits der hundertmillionste Fahrgast an Bord. Ein integriertes europäisches Hochgeschwindigkeitsnetz ist in Planung: Bis 1995 soll eine erste Ausbaustufe mit rund 12 000 Kilometern fertig sein, bis zum Jahr 2005 sollen die nationalen Linien zu einem Netz zwischen London, Hamburg, München, Marseille und Bordeaux verbunden werden. Nochmals etwa 20 Jahre später sollen 30 000 Kilometer für den Schnellverkehr tauglich sein. Experten rechnen mit Kosten von etwa 200 Milliarden Mark oder mehr. Ein ehrgeiziges Projekt im Rahmen des Bahnausbaus ist das Tunnelprojekt zwischen Calais und Dover. In zwei Tunnelröhren sollen ab Mitte 1993 Passagiere, Autos und Lkw den Ärmelkanal im Huckepackverkehr unterqueren. Durch den Ausbau der Hochgeschwindigkeitsstrecken soll der Tunnel mit den wichtigen europäischen Wirtschaftszentren verbunden werden. Schätzungsweise acht Milliarden Pfund (etwa 24 Milliarden Mark) soll der Tunnel kosten.

**Tunnelprojekt Calais—Dover**

Mit einem ähnlichen Projekt sollen auch die Transitprobleme in den Alpen gelöst werden: Ein Eisenbahntunnel durch die Alpen soll die Straßen besonders vom Güterverkehr entlasten.

Die Stärkung des Luftverkehrs scheint auf den ersten Blick ein Eigentor. Sind doch schon heute Verspätungen und Kapazitätsüberlastungen der Flughäfen an der Tagesordnung. Nach Meinung von Experten liegt dies jedoch größtenteils am Fehlen einer einheitlichen Flugsicherung in Europa. Ein europäisches Flugsicherungssystem — EUROCONTROL — soll für Abhilfe sorgen. Dennoch müssen auch Flughäfen ausgebaut und erweitert werden. Besonders in Deutschland ist dies ein Problem, da sich überall, wo solche Vorhaben in Erwägung gezogen werden, sofort Widerstand seitens der Bevölkerung entwickelt.

In verschiedenen Städten und Regionen werden bereits Verkehrsleitsysteme erprobt. Sie sollen einerseits dazu dienen, den Autofahrer mit Informationen zu versorgen, die es ihm ermöglichen, Staubereiche zu vermeiden und den vernüftigsten Weg zu seinem Ziel zu wählen, andererseits sollen sie die Sicherheit im Straßenverkehr verstärken — einfache Formen sind die Wechselverkehrszeichen und Stauwarnanlagen, so zum Beispiel im Hamburger Elbtunnel und am Frankfurter Kreuz. Europaweit beginnt derzeit die Erprobung eines digitalen Verkehrsfunks namens RDS (Radio-Daten-System). Dieses System unterscheidet sich vom bisherigen Verkehrsfunk dadurch, daß der Autofahrer spezielle Verkehrsdaten abrufen und unter sieben europäischen Sprachen wählen kann.

Neben RDS werden verschiedene Systeme ausprobiert.

- LISB (Leit- und Informationssystem Berlin) in Berlin und AUTOGUIDE in London sollen den Verkehr in Großstädten durch die Information der Autofahrer über Routen und Verkehrsaufkommen besorgen.
- DRIVE — vor etwa drei Jahren von der Europäischen Gemeinschaft ins Leben gerufen, soll Straßenverkehrsinformatik und -telekommunikation fördern.
- PROMETHEUS, ist ein von der Autoindustrie entwickeltes Projekt (Programme for a European Traffic with Highest Efficiency and Unprecedented Safety) und will auch die „Intelligenz" des Fahrzeugs selbst verbessern. Sechzehn europäische Autohersteller nehmen an dem Programm teil und zahlreiche Institute aus mehreren Ländern.

Das Projekt ist für acht Jahre konzipiert und soll etwa drei Milliarden Mark kosten. Fahrer, Fahrzeug und Umgebung sollen in ein System eingebunden werden. Drei Basisprojekte innerhalb von PROMETHEUS — PRO CAR, PRO NET und PRO ROAD befassen sich mit den einzelnen Elementen des Straßenverkehrs.

PRO CAR soll hauptsächlich den Risikofaktor Mensch beim Autofahren ausschalten. Ein Rechner soll den Fahrbahnverlauf kontrollieren, die Hindernisidentifizierung übernehmen, den Abstand zum vorausfahrenden Fahrzeug überwachen etc.

PRO NET ist sozusagen die Verbindung zwischen den verschiedenen Autos und ihren Fahrern. So sollen aggressives Fahren, risikoreiches Überholen und ähnliches in der menschlichen Psyche begründetes Fehlverhalten ausgeschlossen werden.

PRO ROAD soll den Fahrer über die Strecke informieren: Günstigster Streckenverlauf, Tankstellen, Hotel, Sehenswürdigkeiten etc.

**Nur langsame Realisierung zukunftsweisender Konzepte**

Allerdings ist die Realisierung solch zukunftsweisender Konzepte ebenso wie der tatsächliche Bau eines Eurotunnels durch die Alpen nicht von heute auf morgen zu realisieren.

Es gibt weitere intelligente Verkehrssysteme, wie die Magnetbahn Transrapid, die sich jedoch mit den Mitteln der öffentlichen Haushalte nicht finanzieren lassen. In Zukunft wird die private Finanzierung im Verkehrsbereich einen wachsenden Raum einnehmen. Ein Beispiel dafür ist schon jetzt der Kanaltunnel. Die Betreibergesellschaft Eurotunnel gab Aktien im Wert von 1,1 Milliarden Pfund aus und erhielt nach Bankangaben dafür Kreditzusagen eines internationalen Bankenkonsortiums in Höhe von 4,4 Milliarden Pfund.

Auch Straßennutzungsgebühren, Umweltabgaben etc. werden in Zukunft sicher kein Tabu mehr sein. Viele Experten sehen langfristig nur in der Privatisierung der Verkehrsmittel und der Verkehrswege eine Lösung.

## 6.5 Europa — eine Handelsfestung?

Kein Zweifel: Mit Verwirklichung des Binnenmarktes am 1. Januar 1993 entsteht in Europa ein potenter Wirtschaftsgigant, der so kreative Volkswirtschaften wie die deutsche, italienische, französische, britische und skandinavische — um nur einige zu nennen — zu einem Block bündelt, der manchen Partnern bisweilen Angst bereitet. Wird, so ihre bange Frage, die EG am Ende zu einer Handelsfestung, die sich nach außen abschottet und den eigenen Wohlstand pflegt? Die Europäer — eine geschlossene Gesellschaft, die sich gegen unliebsame Konkurrenz abschirmt?

Manche „Berufseuropäer" weisen solche Spekulationen entrüstet zurück; so, als seien derlei Bedenken absolut abwegig. Doch so einfach sollten es sich die Europäer nicht machen. Das berühmte „Körnchen Wahrheit" steckt auch in der Vision von einer europäischen Handelsfestung.

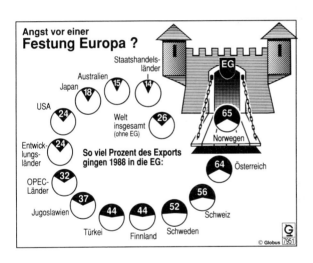

Gerade die schleppenden GATT-Verhandlungen (General Agreement on Tariffs and Trade) zeigten, daß den Europäern insbesondere ihre seit jeher auf einen gemeinsamen Außenschutz angelegte Agrarpolitik vorgeworfen wird, die nicht nur teuer ist, sondern ihren protektionistischen Charakter nicht verbergen kann.

**GATT**

Eine Tatsache ist schließlich auch, daß der Anteil der EG-Importe aus den mit der Gemeinschaft assoziierten AKP-Entwicklungsstaaten (AKP steht für Afrika, Karibik und Pazifik) von 8 Prozent 1975 auf 3,8 Prozent 1989 gesunken ist.

**Furcht vor europäischer Handelsfestung übertrieben**

Doch selbst im Bewußtsein dieser Problematik erscheint die Furcht vor einer europäischen Handelsfestung übertrieben. Sowohl das tatsächliche Handelsgeflecht der Gemeinschaft mit Drittstaaten als auch die ökonomische Vernunft sprechen dagegen. Denn nichts wäre für den weiteren wirtschaftlichen und technischen Fortschritt der Europäer fataler, als wenn sie sich nun vor dem internationalen Wettbewerb abschirmten. „Nur die ständige Konkurrenz auf dem Weltmarkt sichert eine führende Rolle Europas. Wo dieser Wettbewerb fehlt, hat die europäische Industrie regelmäßig den Anschluß verloren. Dies wird besonders augenfällig auf dem Gebiet der Telekommunikation", warnt denn auch der Vizepräsident der EG-Kommission, Martin Bangemann.

**USA-Kritik an den Europäern**

Kritik an den Europäern wird gerade in den USA immer wieder laut; mal richtet sich der Unmut Washingtons gegen die Subventionierung des „Airbus", mal gegen die europäische Agrarpolitik. Die Dramaturgie, mit der solche Auseinandersetzungen aufgeführt werden, sowie die oftmals geradezu martialische Rhetorik (Handelskrieg, Vergeltungsmaßnahmen usw.) lassen vergessen, daß die Europäer an und für sich recht gute Kunden der Amerikaner sind. Immerhin liefern die USA ein Viertel ihres Gesamtexports in die Staaten der Gemeinschaft — das entspricht einem Wert von 80 Milliarden Dollar. Die amerikanische Computerindustrie geriete wohl in ernsthafte Bedrängnis, könnte sie nicht die Hälfte ihrer Produkte in Europa verkaufen. Selbst wenn Europa nach 1993 eine Handelsfestung wäre, so gehörten die Amerikaner mit zu den Insassen. Denn die Direktinvestitionen der USA in den

Staaten der Gemeinschaft belaufen sich auf insgesamt rund 200 Milliarden Dollar.

Die AKP-Entwicklungsländer mögen die zurückgehenden Exporte in die Gemeinschaft kritisieren, Tatsache ist aber auch, daß diese Staaten nicht nur erhebliche Handelsvorteile genießen, sondern überdies von der Gemeinschaft beträchtliche finanzielle Hilfen beziehen (1989 zum Beispiel rund 30,5 Milliarden DM). Angesichts der Not in diesen Staaten mag dies vielleicht nur ein Anfang sein. Nüchtern betrachtet freilich gilt es festzustellen, daß sowohl die USA als auch Japan nicht annähernd solche Summen für die Entwicklung der Dritten Welt ausgeben wie die Europäer. Die Zusammenarbeit zwischen der Gemeinschaft und den AKP-Staaten wird — nebenbei bemerkt — in Peking als Musterbeispiel für eine fruchtbare Kooperation zwischen entwickelten und zu entwickelnden Staaten gepriesen.

Schließlich beseitigte die EG die nationalen Einfuhrquoten für japanische Automobile, obwohl dieser Schritt gerade französische und italienische Hersteller vor erhebliche Probleme stellt.

Kurzum: die EG ist der größte Handelspartner der Welt. Ein britischer Diplomat formulierte einmal goldrichtig: „Würde sich die Gemeinschaft zu einer Festung entwickeln, dann wäre sie selbst in dieser Festung gefangen."

# 7 Europäer auf der Warteliste

Mit der zunehmenden Attraktivität der Europäischen Gemeinschaft ging auch ein sprunghaft steigendes Interesse der bislang noch nicht integrierten Staaten Europas an einem Beitritt zur EG einher. Selbst in Ländern, deren politische Repräsentanten noch vor zwei, drei Jahren eine EG-Vollmitgliedschaft aus den unterschiedlichsten Gründen ablehnten, haben — wie Österreich oder Schweden — mittlerweile ihr Beitrittsgesuch in Brüssel übergeben oder dürften — wie Finnland, Norwegen oder sogar die Schweiz — in Kürze folgen. Darüber hinaus blicken auch die Reformstaaten Mittel- und Osteuropas auf die Europäische Gemeinschaft. Nun könnte die ständig länger werdende „Warteliste" für die oft gescholtenen „Eurokraten" in Brüssel an und für sich Anlaß zu berechtigtem Stolz sein, beweist doch das EG-Interesse so unterschiedlicher Staaten wie Malta und Finnland, die CSFR und die Schweiz, daß die Arbeit der letzten Jahre — trotz vieler Rückschläge und Schwierigkeiten — am Ende allenthalben anerkannten Erfolg brachte. Vergessen scheint das Jahr 1985, als Grönland freiwillig aus der Gemeinschaft ausschied, und mancher EG-kritische Däne diesem Beispiel des Eilands der Kälte wohl nur allzu gerne gefolgt wäre. Doch trotz der heute überall spürbaren europäischen Renaissance hält sich die Begeisterung über die Bewerber in Brüssel einstweilen noch in Grenzen. Zwar steht die EG jedem demokratischen Staat Europas offen, auf der anderen Seite gibt es eine Reihe von Bedenken gegen eine rasche Integration der Beitrittskandidaten. Die wichtigsten lauten:

**Bedenken gegen rasche Integration von anderen Ländern**

1. Bis Ende 1992 ist die Gemeinschaft voll mit der Vorbereitung des Binnenmarktes beschäftigt und

kann kaum zeitraubende Beitrittsverhandlungen führen.

2. Die EG bereitet — wie in Kapitel 3 ausführlich beschrieben — zahlreiche Reformen zur Vertiefung der Integration vor, in erster Linie die Wirtschafts- und Währungsunion sowie die Politische Union. Die ohnehin schon schwierigen Verhandlungen würden durch eine größere Zahl von Mitgliedern zusätzlich kompliziert. Die Devise in Brüssel lautet deshalb: First deeper, then wider. Bedeutet: zunächst die Integration vertiefen, später die EG erweitern.

3. Die Gemeinschaft denkt immer noch an die kolossalen Lasten, die mit der Süderweiterung (also der Aufnahme Griechenlands, Spaniens und Portugals) verbunden waren. Hauptsächlich für die Staaten der iberischen Halbinsel hat sich die Mitgliedschaft zwar ausgezahlt; Spanien und Portugal warteten in den letzten Jahren mit beeindruckenden Wachstumsraten auf. Für die EG indessen war die Süderweiterung finanziell ein „dicker Brocken".

4. Auf der „Warteliste" stehen im Augenblick Staaten mit höchst unterschiedlichen Voraussetzungen. So dürfte die EG-Aufnahme Österreichs, dessen Währung so eng an die D-Mark gekoppelt ist, daß gleichsam über Nacht eine Währungsunion hergestellt werden könnte, wirtschaftlich keine Schwierigkeiten bereiten. Das ökonomisch starke und in sozialer Hinsicht vorbildliche Österreich wäre — wie Schweden — „Nettozahler", das heißt, es zahlte mehr an Brüssel, als es aus den verschiedenen Gemeinschaftskassen wieder zurückerhielte. Ganz anders die Türkei, die zwar in ihrer wirtschaftlichen Entwicklung in den vergangenen Jahren bemerkenswerte Fortschritte machte, aber eben immer noch sehr weit hinter dem EG-Standard zurückliegt.

**Österreich**

**Schweden**

**Türkei**

5. Die europäischen Staaten wählten höchst unterschiedliche sicherheitspolitische Optionen. Während die EG-Staaten mit Ausnahme Irlands der NATO angehören, gilt in Österreich die „Immerwährende Neutralität". Auch Finnland, Schweden und Irland bekennen sich zur Neutralität, die allerdings etwas anderen Charakter hat als die österreichische (siehe unten). Kann es sich eine Europäische Gemeinschaft, die erklärtermaßen eine gemeinsame Außen- und Sicherheitspolitik anstrebt, leisten, sowohl NATO-Mitglieder als auch neutrale Staaten in ihren Reihen zu haben, noch dazu einen „immerwährend Neutralen" wie Österreich? Diese Frage hat zwar durch die Öffnung Mittel- und Osteuropas und die Auflösung des Warschauer Paktes an Brisanz verloren, im Hinblick auf die vielfach beschworene Politische Union mit gemeinsamer Außen- und Sicherheitspolitik bleibt sie jedoch auf der Tagesordnung.

## 7.1 Die Neutralen und Nichtpaktgebundenen

Im belgischen Außenministerium, wo man dem österreichischen Beitrittsgesuch anfangs mit deutlicher Skepsis begegnete, zeigt man Journalisten schon mal den Brief des österreichischen Außenministers, mit dem dieser den Beitritt seines Landes zur EG beantragte. Im zweiten Absatz heißt es: „Österreich geht bei der Stellung dieses Antrages von der Wahrung seines international anerkannten Status der immerwährenden Neutralität, die auf dem Bundesverfassungsgesetz vom 26. Oktober 1955 beruht, sowie davon aus, daß es auch als Mitglied der Europäischen Gemeinschaft aufgrund des Beitrittsvertrages in der Lage sein wird, die ihm aus seinem Status als immerwährend neutraler Staat erfließenden rechtlichen Verpflichtungen zu erfüllen und seine Neutralitätspolitik als spezifischen Beitrag zur Aufrechterhaltung von Frieden und Sicherheit in Europa fortzusetzen." Das war am 14. Juli 1989. Damals konnte niemand ahnen, welch revolutionäre Prozesse ein Jahr darauf Europa verändern sollten.

Wie auch immer, jedenfalls waren es in der Vergangenheit in den meisten Fällen Gründe der Neutralität, die Staaten wie Österreich, Finnland oder Schweden von einem EG-Beitritt abhielten.

**Neutralität als Grund gegen die EG**

Grundsätzlich gibt es drei Formen der Neutralität:
1. Temporäre Neutralität: Darunter ist eine zeitlich befristete Neutralität zu verstehen — in der Regel während eines Krieges, an dem sich der betreffende Staat nicht beteiligt.

2. Faktische Neutralität: Sie ist das Ergebnis einer politischen Willenserklärung oder eines Vertrages. Insbesondere die Politik Irlands, Schwedens, Finnlands und Maltas läßt sich — ungeachtet der jeweiligen nationalen Besonderheiten — als faktische Neutralität bezeichnen.

3. Immerwährende Neutralität: Ein immerwährend neutraler Staat verpflichtet sich völkerrechtlich zur Neutralität in allen künftigen Kriegen.

Welchen Stellenwert die Neutralität im Europa von morgen einnehmen wird, bleibt umstritten. EG-Vizepräsident Martin Bangemann meint, die klassische Neutralität sei nicht länger das geeignete Mittel, um den Krieg als Fortsetzung der Politik mit anderen Mitteln abzulehnen.

## 7.2 Die „Warteliste"

Das Wartezimmer der EG wird immer voller. In den kommenden Monaten und Jahren dürften weitere Beitrittskandidaten hinzukommen. Wir wollen uns im folgenden allerdings lediglich auf jene Staaten beschränken, die bis Herbst 1991 ihren Beitrittsantrag gestellt haben.

## 7.2.1 Die Türkei

Einwohnerzahl: 55,5 Mio.
Fläche: 788695 Quadratkilometer
Religion: 98 Prozent Moslems
Bruttosozialprodukt pro Kopf: 1280 Dollar (1988)
Bewertung: Die Türkei ist die Nummer eins auf der Warteliste, allerdings nur in zeitlichem Sinne. Ankara übergab nämlich bereits am 14. April 1987 einen Antrag auf EG-Vollmitgliedschaft. Eine schnelle Aufnahme des Landes wurde von der EG-Kommission im Dezember 1989 unter Hinweis auf den weiten wirtschaftlichen und sozialen Abstand zwischen der Türkei und der EG abgelehnt.

Pro: Der ehemals „kranke Mann am Bosporus" hat sich in den achtziger Jahren wirtschaftlich gut erholt. Die Wachstumsraten lagen in jener Zeit zwischen 5,5 und 7,4 Prozent. Die Arbeitslosenquote lag 1989 mit 10,4 Prozent deutlich unter der mancher EG-Staaten (zum Beispiel Spanien). Zudem gehört die Türkei der NATO und dem Europarat an. Trotz vielfacher und zum Teil berechtigter Kritik an nach wie vor zu registrierenden Menschenrechtsverletzungen zählt die Türkei nach jahrelanger Militärdiktatur heute zu den demokratischen Staaten (ansonsten wäre zum Beispiel eine Mitgliedschaft im Europarat unmöglich).

**Hohe türkische Inflationsrate**

Contra: Ungeachtet der wirtschaftlichen Sanierung besteht eine beträchtliche Kluft zwischen der Türkei und den Staaten der Gemeinschaft. 1989 lag die türkische Inflationsrate zum Beispiel bei fast 70 Prozent. Weitere Gründe, die gegen eine schnelle Integration sprechen: das rapide Bevölkerungswachstum sowie die ungeklärte Zypern-Frage. Außerdem: Gerade 23764 der insgesamt 788695 Quadratkilometer des Staates kann man in geographischem Sinne als „europäisch" bezeichnen. Der Bosporus markiert die Grenze zwischen Europa und Asien.

## 7.2.2 Österreich

Einwohnerzahl: 7,6 Mio.
Fläche: 83 853 Quadratkilometer
Religion: katholisch (84 Prozent), protestantisch (6 Prozent)
Bruttosozialprodukt pro Kopf: 15500 Dollar
Bewertung: Österreich, das am 14. Juli 1989 offiziell die Vollmitgliedschaft in der EG beantragte, verfügt — wirtschaftlich gesehen — über beste Voraussetzungen für eine schnelle Integration. Die Währung ist eng an die D-Mark gekoppelt, die Arbeitslosenquote gering und die Wirtschaft leistungsfähig. Gewisse Anpassungsprobleme sind allenfalls in der Landwirtschaft und im Bereich der verstaatlichten Unternehmen zu erwarten.

Pro: Wettbewerbsfähige Wirtschaft, vorbildliches Sozialsystem, stabile Währung, engste historische und kulturelle Bindungen an die Staaten der heutigen EG. „Brückenfunktion" gegenüber Osteuropa, insbesondere zu Ungarn und der CSFR.

**Österreichs Brückenfunktion nach Osteuropa**

Contra: Noch immer scheint nicht abschließend geklärt, wie Österreich seine „Immerwährende Neutralität" mit einer von der EG angestrebten gemeinsamen Außen- und Sicherheitspolitik in Einklang bringen will.

### 7.2.3 Zypern

Einwohnerzahl: 696000
Fläche: 9251 Quadratkilometer
Religion: griech.-orthodox (77 Prozent), moslem. (18 Prozent)
Bruttosozialprodukt pro Kopf: 6260 Dollar
Bewertung: Obwohl geteilt, erlebte der griechische Teil Zyperns in den letzten Jahren einen bemerkenswerten wirtschaftlichen Aufschwung. Die Arbeitslosenquote ist gering, das soziale Umfeld relativ stabil. Dennoch dürfte die Insel kaum Chancen auf eine EG-Integration haben, solange sie in einen griechisch-zypriotischen und einen von türkischen Militärs besetzten türkisch-zypriotischen Teil gespalten ist. Der EG-Aufnahmeantrag Zyperns von 1990 stieß denn auch bei dem Chef der Inseltürken auf scharfe Kritik (Denktasch: „Eine Provokation").

Pro: Stabiles wirtschaftliches und soziales Umfeld, „Brückenfunktion" zum Nahen und Mittleren Osten.

Contra: Zypern ist nach der deutschen Wiedervereinigung das letzte geteilte Land Europas.

### 7.2.4 Malta

Einwohnerzahl: 360000
Fläche: 316 Quadratkilometer
Religion: katholisch
Bruttosozialprodukt pro Kopf: 6000 Dollar
Bewertung: Die Inselrepublik Malta gehört zu den kleinsten Ländern der Europäischen Gemeinschaft. Der Tourismus wie auch die Investitionen ausländischer (vor allem deutscher) Unternehmen bescherten dem Land einen ansehnlichen Wirtschaftsaufschwung. Der im Juli 1990 beantragten Mitgliedschaft in der EG stehen schon aufgrund der geringen Größe des Landes keine unüberwindbaren Hürden im Weg.

Pro: Wirtschaftlich stabiles Umfeld, engste kulturelle und historische Bindungen an Europa, „Brückenfunktion" zum Maghreb-Raum (Nordafrika), kaum Probleme wegen geringer Größe.

Contra: Ungeklärte Neutralitätsfrage.

## 7.2.5 Schweden

Einwohnerzahl: 8,5 Mio.
Fläche: 440945 Quadratkilometer
Religion: evangel.-luth./katholisch
Bruttosozialprodukt pro Kopf: 20000 Dollar
Bewertung: Ähnlich wie Österreich, zählt auch das EFTA-Land Schweden zu jenen Beitrittskandidaten, die sich relativ einfach in die EG integrieren lassen. Ein gewisser Anpassungsbedarf besteht sicher hinsichtlich des Steuersystems sowie der Inflationsmentalität. Auch Stockholm muß seine künftige Neutralitätspolitik erklären, wobei es sich hierbei allerdings nicht um eine „Immerwährende Neutralität" wie im Falle Österreich handelt.

Pro: Neben der Schweiz und Norwegen ist Schweden das wirtschaftlich potenteste Land der EFTA. Vorbildliche soziale Verhältnisse, leistungsfähige Industrie. Schweden wird mithin zum Nettozahler der EG

**Leistungsstarke schwedische Industrie**

Contra: Ungeklärte Neutralitätsfrage, Anpassungsdruck auf dem Steuersektor.

## 7.3 Die Reformstaaten Mittel- und Osteuropas

Von den ehemaligen Staaten des zwischenzeitlich aufgelösten COMECON gehört heute nur die einstige DDR zur Europäischen Gemeinschaft, die am Tag der

Wiedervereinigung am 3. Oktober 1990 automatisch zur EG kam. Es handelte sich somit um keine Neuaufnahme, sondern um eine Vergrößerung eines bereits integrierten Landes (nämlich der Bundesrepublik Deutschland). Mit Ungarn, der CSFR und Polen schließt die EG Assoziierungsabkommen, die eine klare Option für einen späteren EG-Beitritt enthalten. Ein ähnliches Verfahren ist später auch für Bulgarien vorgesehen. Was schließlich Rumänien angeht, so hielt sich Brüssel bisher angesichts der politischen Verhältnisse in diesem Staat zurück.

# 8 Schlußwort

Wer sich in den letzten Jahren zu europäischen Fragen äußerte, kam meist recht schnell auf den Gemeinsamen Binnenmarkt ab 1993 zu sprechen. Tatsächlich handelt es sich dabei um das wohl ehrgeizigste Vorhaben in der noch jungen Geschichte der Gemeinschaft. Gleichwohl kann das magische Datum „1993" nicht das Endziel sein; für Europa ist die Verwirklichung des Binnenmarktes vielmehr ein Neubeginn. Dem wirtschaftlichen Großmachtanspruch folgt zwangsläufig auch zunehmende politische Verantwortung. Erste Anzeichen sind — wie in den vorangegangenen Kapiteln ausführlich dargestellt — allenthalben erkennbar.

Dieses starke Europa mag bei manchen auf eine gewisse Portion Skepsis stoßen, doch gibt es keine Alternative. Ohne Binnenmarkt gerieten die europäischen Einzelstaaten, so leistungsfähig und kreativ sie auch sein mögen, zwangsläufig zwischen die Mühlsteine der Wirtschaftsgiganten im Westen (USA und Kanada) und Osten (Japan und die sogenannten fernöstlichen „Tiger-Staaten").

Politisch wiederum kam Europa spätestens nach Überwindung der als Ergebnis des Zweiten Weltkrieges entstandenen Bipolarität (hier die USA, dort die UdSSR — und dazwischen die nach Einflußsphären geteilten Europäer) neue internationale Bedeutung zu. Europa muß diese Chance nutzen und auf weltpolitischer Ebene gestaltend mitarbeiten. Dann wird der „alte Kontinent", von dem zahlreiche blutige Kriege ausgingen, zu einem Faktor der Stabilität. Die Überwindung der europäischen Teilung hat hierzu die Voraussetzungen geschaffen.

Es wäre denn auch fatal, würde sich die EG in ihrer heutigen Form als „geschlossene Gesellschaft", als „Club der Reichen" verstehen, in dem nur noch „Ebenbürtige" — wie zum Beispiel die starken EFTA-Länder — überhaupt Chancen hätten, Mitglieder zu werden, während man den Reformstaaten Mittel- und Osteuropas lediglich eine lockere Form der Zusammenarbeit anböte. Eine solche Politik wäre vielleicht bequem, würde Europa aber erneut spalten.

Nicht von ungefähr erinnerte Bundespräsident von Weizsäcker daran, die EG sei keine „Westeuropäische Gemeinschaft".

Niemand vermag zur Zeit mit Sicherheit zu beurteilen, wie die Gemeinschaft in 10 oder 15 Jahren aussehen könnte. Es bedarf jedoch keiner ausgeprägten prophetischen Fähigkeiten, um zumindest eines vorauszusagen: die EG wird wachsen und am Ende von Skandinavien bis in die Türkei, von Irland bis hinein in die heutige Sowjetunion reichen.

Ein solches Riesengebilde kann und darf jedoch nicht mit jenem Eurozentralismus regiert werden, der schon heute beklagt wird. Deshalb gilt es, die europäischen Regionen zu stärken und deren Zusammenarbeit zu fördern. Solche Regionalkooperationen existieren bereits, man denke an die „Arge Alpe", in der die Alpenstaaten zusammenarbeiten, an die insbesondere von Italien forcierte „Hexagonale", der Jugoslawien, Österreich, Ungarn, die CSFR, Italien und Polen angehören, oder auch an den Nordischen Rat der skandinavischen Staaten.

Weder Brüsseler Eurozentralismus noch eine neuerliche Teilung Europas in reiche und arme Länder — das sollte die Forderung der Europäer an ihre Politiker sein.

# 9 Literaturverzeichnis

Außenpolitik der Bundesrepublik Deutschland, Auswärtiges Amt (Hrsg.), Bonn 1989

Binnenmarkt und Technologiegemeinschaft, Günter Rinsche, München, 1989

Drogen Report, Berndt Georg Thamm, Bergisch Gladbach, 1988

Europa, Presse- und Informationsamt der Bundesregierung (Hrsg.), Bonn, 1989

Europa — Verträge und Gesetze, Bundeszentrale für Politische Bildung, Bonn 1972

„Europa" (Monatszeitschrift) „Binnenmarkt wichtiges Ziel der deutschen Präsidentschaft" (Interview mit Irmgard Adam-Schwaetzer), Stuttgart, 5/88

„EPZ: In der Praxis bewährt", Irmgard Adam-Schwaetzer, Stuttgart, 5/89

„Alpentransit: Nichts geht mehr", Stuttgart 12/90

„Europa gegen ‚Geldwäsche'", Stuttgart 3/91

„Zürich: Schrittmacher in städtischer Verkehrspolitik", Stuttgart, 6/91

„Europäische und deutsche Raumfahrt: Griff nach den Sternen", Stuttgart, 6/91

„Raumfahrt zwischen Forschung und wirtschaftlicher Nutzung", Stuttgart, 6/91

Europahandbuch, Gerhard Hitzler (Schriftltg.), Köln, Berlin, Bonn, München, 1989

Europas Frauen fordern mehr, Hortense Hörburger, Marburg, 1990

Leitfaden zum EG-Binnenmarkt, Bundesministerium für Wirtschaft (Hrsg.), Bonn, 1990

Neue Alpentransversale — Erlösung oder neue Belastung für den Alpenraum?, CIPRA (Hrsg.), Vaduz, 1989

Neutralität und Mitgliedschaft, Andreas Lernhart, Wien 1989

Markt für Millionen, Hans Jörg Schrötter und Bettina Forst, Bergisch Gladbach 1990

Verkehr 2000, Deutsche Bank, Volkswirtschaftliche Abtlg., Frankfurt, 1990

Willkommen in der Gemeinschaft, Kommission der EG (Hrsg.), Bonn 1990

„1992" The Environmental Dimension, Task Force Report on the Environment and the Internal Market, Bonn, 1990

# 10 Stichwortverzeichnis

Abgase 105
Abgasnormen 106
Agrarabschöpfung 55
Agrarfonds (EAGFL) 58
Agrarpolitik 16, 58, 131, 151
Airbus 121, 152
AKP-Staaten 152 f.
Alpen 141 ff.
Alpentransversalen 106, 144
Alpentransit 106, 142 ff.
Amtsblatt der EG 46, 48, 52
Arbeitsmarkt 90
Ariane 127 ff.
Arzneimittelrecht 88
Asylverfahren 86
Atypische Beschäftigungsformen 101 f.
Außengrenzen 138

Bestimmungslandprinzip 113
Bier 86 f.
Bildungsprogramme 93 f.
Billig(lohn)länder 96, 132 f.
Binnenmarkt 27, 35, 41, 61, 72, 76 ff., 88 ff., 100, 104, 106, 108, 110 ff., 116 ff., 123, 132, 135 f., 139, 142, 150, 154
Briand-Memorandum 14
Brite 125
Business Cooperation Network (BC-Net) 117 f.
Butterberg 11, 54, 58

Cecchini-Bericht 79 f., 110
Chancengleichheit 102
Clearing-System 113
Columbus 128 ff.
Comecon 161
Comett 93 f., 125

Delors-Plan 63, 68, 70
Designer Drogen 138
Dieselmotoren 106
Direkte Steuern 114
Diskriminierung 102
Drive 126, 149
Drogenmarkt 136 f.
Drogenprobleme 135 ff.

ECU 65 ff.
EFTA 61, 71 ff., 108
EGKS 17 ff., 29, 31, 46 f., 56
EG-Vertretung 53
Einheitliche Europäische Akte 24, 27, 97
Erasmus 93, 94
Ergo 103
Esprit 124
Euratom (EAG) 21 f., 28, 46
Eureka 124
Eurocontrol 148
Euro-Fitness-Programm 116 f.
Euro-Info-Centren 118
Euro-Karriere 90 f., 94
Euro-Korridor 145
Europa der Bürger 40, 81
Europa der Dealer 83

Europäische Bewegung 15
Europäische Integration 13, 16, 24
Europäische Investitionsbank (EIB) 51
Europäische Menschenrechtskonvention 60
Europäische Notenbank (Euro-Fed) 89 f.
Europäische Politische Zusammenarbeit (EPZ) 23 ff., 74
Europäische Union 14, 25 ff.
Europäische Wirtschaftliche Interessenvereinigung (EWIV) 120
Europäischer Gerichtshof 22, 48 ff., 87, 92, 104
Europäischer Rechnungshof 22, 47 f.
Europäischer Rat 22, 27, 44, 55
Europäisches Parlament 12, 22, 26 f., 32, 37 ff., 56 f., 72, 75 f.
Europäisches Währungssystem (EWS) 63 ff., 68 ff.
Europarat 15 f., 59 f.
European Currency Unit (ECU) 65 ff.
European Economic Space (EES) 61, 71 ff.
European Space Agency (ESA) 126 ff.
Eurotunnel 150
Euro-Währung 66 f.
EVG 19 ff., 24

EWG 20 ff., 28, 46, 62, 74, 79
Exportbestimmungen 134

Fernverkehr 147 f.
Forschungspolitik 120 ff.
Fouchet-Plan 23
Frauen 100 ff.
Freie Berufe 118 ff.
Freizügigkeit 45, 61, 73, 76 f., 91 f., 97, 104
Fremdsprachen 98 ff.
Fusionsvertrag 28 f.

GATT (General Agreement on Tariffs and Trade) 151
Geldwäsche 137
Gesetzgebung 41
Gewerkschaften 133
Gipfeltreffen 44, 73, 76
Gleichbehandlung, -berechtigung 100 ff.
Golfkrieg 74, 134
Grenzformalitäten 80, 82 f., 110
Grenzkontrollen 81, 110, 136
Güterverkehr 142 ff., 147 f.

Handelsfestung 150 ff.
Handelsschranken 111
Harmonisierung 111, 112 ff., 122, 133
Haushalt 33, 36, 41 f., 55 ff., 76, 98
Haustürgeschäfte 89
Hermes 128 ff.
Hochgeschwindigkeitszug 147

Hochschulrichtlinie 92

Interpol 140
Interventionspunkt 58, 64
Iris 103

Karriere 90 ff.
Kartellbehörde 34
Kaufkraft 108
Kindererziehungszeiten 103
Kommission 22, 28 f., 32 ff., 76, 79, 98, 106, 114 f., 118, 122
Kommunikationstechnologie 122
Konvergenz(stufe) 68 ff.
Kriminalität 131, 139 ff.

Lebensmittelrecht 86 ff.
Lingua 93
Luftverkehr 148
Luftverschmutzung 148 ff.

Mehrwertsteuer 90, 112 f.
Ministerkomitee 60
Ministerrat 22, 29 ff., 34, 40, 41 ff., 45, 52, 57
Mißtrauensvotum 41
Mitbestimmung 95 ff.
Mittelstand 116
Mobilität 120
Mülldeponien 105

NATO 20
Neutralität 75, 156 f.
Normen 111
Normeninstitution (CEN/CENELEC) 111
Now 103

Niederlassungsfreiheit 91 f.

Öffentlicher Nahverkehr 141, 146 f.
Öffentliches Auftragswesen 115
Ostblock/-europa 16, 72, 100, 131, 161

Parlamentarische Versammlung 60
Petra 94, 103
Politische Union 22 ff., 30, 43, 61, 74 ff., 155
Presse- und Informationsbüro 52 f.
Produkthaftung 89
Prometheus 149

Race 125
Raumfahrt 126
Regelungsausschüsse 34
Regionalfonds (EFRE) 57
Reinheitsgebot 87
Rollende Landstraße 145
Römische Verträge 21, 27, 68

Schadstoffhöchstwerte 105
Schengener Abkommen 82 ff.
Schengener Informationssystem 85
Science 124 f.
Social dumping 96, 132 ff.
Sozialcharta 97
Sozialfonds (ESF) 45, 58, 98

Sozialpolitik 45, 95 ff., 104
Spaak-Bericht 21
Sprachen 98 ff.
Steuerharmonisierung 112 ff.
Steuern 90, 110
Stockholmer Konvention 71
Strukturfonds 35, 57 f.
Subventionen 48
Süderweiterung 155
Systran 99

Task Force Kleinere und Mittlere Unternehmen 118
Technologiepolitik 121, 126
Tempus 94
Tender Electronic Daily (TED-Datenbank) 115
Tindemans-Plan 25 f.
Trinkwasser 31, 105, 107

Überproduktion 58
Übersetzungsdienst 98

Verbraucher 86 ff.
Verbraucherschutz 36, 86 ff.

Verbrauchssteuern 90, 113 f.
Vereinigte Staaten von Europa 13, 14
Verkehr 36, 45, 76, 106
Verkehrskollaps 141
Verkehrsleitsysteme 149 f.

Währungsschlange 63
Währungsverfall 63
Warentransport 108
Warenverkehr 110
Warteliste 154, 157
Werner-Plan 62 f.
Westeuropäische Union (WEU) 19 f., 76
Wettbewerbsfähigkeit 51, 108
Wettbewerbsrecht 49
Wirtschafts- und Sozialausschuß (WSA) 44 ff.
Wirtschafts- und Währungsunion 26, 27, 43, 62 ff., 155

Zentralbank 63
Zollunion 23, 36, 77
Zuckerabgabe 55

**Weitere lieferbare Titel aus der D&M-Serie Heidelberger Wegweiser**

**Bücher und Buchhändler**
Was man vom Einzelhandel mit Büchern wissen sollte.
Von Wolfgang Erhardt Heinold. Unter Mitarbeit von Gernot Keuchen und Uwe Schultz. 330 S. DM 24,—.

**Bücher und Büchermacher**
Was man von Verlagen und Verlegern wissen sollte.
Von Wolfgang Erhard Heinold. Unter Mitarbeit von Gernot Keuchen und Uwe Schultz. 329 S. DM 24,—.

**Bewerbungen**
Ein praktischer Ratgeber für die erfolgreiche Stellensuche. Von Dr. Claus Harmsen. 136 S. DM 12,80.

**Die nichteheliche Lebensgemeinschaft**
Rechte und Pflichten der Partner. Von Klaus Ehmann. 124 S. DM 12,80.

**Schule**
Was Eltern, Lehrer und Schüler über Rechte und Pflichten wissen sollten. Von Professor Dr. Werner Thieme. 140 S. DM 14,80.

**Umweltschutz — Umweltpolitik**
Gesetzliche Grundlagen — praktische Durchsetzung. Von Dr. Hans-Werner von Thaden. 200 S. DM 16,80.

**Der Wald**
Funktionen — Pflege — Gefährdung. Von Dr. Richard Schute. 178 S. DM 16,80.

**Existenzgründung**
Rechtsformwahl — Finanzierungshilfen — Rechtsvorschriften. Ein praktischer Ratgeber für alle, die sich selbständig machen wollen. Von Manfred Hofmann. 144 S. DM 14,80.

**Aktien**
Wertpapiergeschäfte in der Bundesrepublik Deutschland. Von Roland H. Heck und Dr. Armin Schoreit. 194 S. DM 16,80.

**Marktwirtschaft**
Kartelle, Konzentration, Kontrolle.
Von Dr. Hans-Heinrich Barnikel. 158 S. DM 14,80.

**Knigge im Amt**
Vom Umgang mit Bürgern und Kollegen.
Von Dr. Frieder Lauxmann. 71 S. DM 9,80.

**Weitere lieferbare Titel aus der D&M-Serie Heidelberger Wegweiser**

### Parlamentarismus
Historische Wurzeln — Moderne Entfaltung.
Von Dr. Wolfgang Zeh. 155 S. DM 14,80.

### Parlamentsorganisation
Insitutionen des Bundestages und ihre Aufgaben.
Von Dr. Hermann Borgs-Maciejewski. 136 S. DM 9,80.

### Kandidatur zum Bundestag
Der Weg ins Parlament. Von Dr. Klemens Kremer.
135 S. DM 14,80.

### Gesetzgebung
Programm und Verfahren. Von Dr. Ekkehard Handschuh. 122 S. DM 14,80.

### Parlamentarische Kontrolle
Ausgestaltung und Wirkung. Von Dr. Eckart Busch.
182 S. DM 14,80.

### Fraktionen
Parteien im Parlament. Von Dr. Gerald Kretschmer.
168 S. DM 14,80.

### Föderalismus
Grundlagen und Wirkungen in der Bundesrepublik
Deutschland. Von Dr. Konrad Reuter. 197 S. DM 16,80.

### Der Bundesrat
Mitwirkung der Länder im Bund. Von Dr. Albert Pfitzer.
Unter Mitarbeit von Dr. Konrad Reuter. 160 S. DM 14,80.

### Parlamentarische Dienste
Die Bundestagsverwaltung. Von Everhard A. Voss.
148 S. DM 9,80.

### Der Wehrbeauftragte
Organ der parlamentarischen Kontrolle.
Von Dr. Eckart Busch. 207 S. DM 18,80.

### Petitionen
Von der Untertanenbitte zum Bürgerrecht.
Von Dr. Rupert Schick. 197 S. DM 18,80.

### Verfassungsschutz
Aufgaben — Methoden — Organisation.
Von Dr. Hermann Borgs-Maciejewski. 157 S. DM 14,80.

### Parlamentarische Untersuchungsausschüsse
Grundlagen und Praxis im Deutschen Bundestag.
Von Dr. Dieter Engels. 212 S. DM 18,80.